消防メンタル
タフな心をつくる技術

鎌田修広
タフ・ジャパン代表
元消防学校教官

はじめに

「身体を張って人のためになる仕事がしたい」と志して消防の仕事を選んだ皆さん、現状はいかがでしょうか？ 目指していた自分、なりたい自分に近づいているでしょうか。

「最も信頼できる職業」について世界25ヶ国にアンケートをとった海外の調査（GfK Verein）によれば、「消防士である」と答えた国は15ヶ国にのぼったといいます。日本でも、消防士は全国の幼児～小学生の男子のなりたい職業ランキング3位という調査結果があります。

数ある職業の中でも消防士は信望の厚い職業のひとつですが、具体的に市民からは次のように見られているのではないでしょうか。

1　消防士は正義感や使命感に溢れ、体育会系でエネルギッシュである。
2　規律を守る超縦社会の集団である。
3　強靭・屈強な人材が多く常に筋トレや訓練に励み、メンタルも強い。

実際、消防は本当に真面目に一生懸命仕事をしている方々の集団です。
しかし、メンタル的には「真面目」というところが実は重要なポイントで、正義感や使命感が強いあまり、自分でも気がつかないうちに真面目過ぎる状況に陥ってしまいがちです。

世間的イメージに捉われ過ぎて「タフでなければいけない」「弱音を吐いてはいけない」「強いメンタルで闘わなければいけない」と自分を追い込んでしまい、自分はメンタルが弱いので現場や組織に向いていないかも…と悩んでいる現役の消防職員もいます。

近年では1人あたりの業務や責任も増えつつありますから、目の前のことをこなしていくことに精一杯で疲弊してしまうという現実もあります。

私は2011年3月、東日本大震災の4日前（消防組織法施行日）に退職届を出し、18年間勤務した消防から42歳で独立起業し、誰もやったことのない「全国消防職団員約100万人の體育（たいいく）の講師」という椅子（ポジション）

に座らせていただいております。独立から今まで全国津々浦々にいる5万人強の現役消防職団員の方々と教育や研修を通じてご縁をいただきましたが、メンタルヘルス不調を抱える例もいろいろ見てきました。

　条例定数の全職員が心身ともに健康的な状態で任務を全うすることは、最高水準の消防サービスを提供することに繋がります。しかし、メンタルのバランスを崩すことは、いつでも何処でも誰にでも起こりうる事案です。ハードな訓練や筋トレで鍛え続けていても、メンタルは別物なのです。
　消防業務においては予防業務が最優先かつ最重要課題であるように、メンタルにおいてもセルフコントロールできなくなる前の予防策が大切です。メンタルのコントロールは、個人レベルの精神論や根性論を超えた組織的な課題と言っていいでしょう。

　消防を退職後、私はまずオリンピックの金メダリストから「トップメンタルトレーニング」を半年間学びました。また、全国心理業連合会認定「プロフェッショナル心理カウンセラー」の資格も取得しました。様々な業界に学ぶことは今も続けており、異業種の方々から幅広く気づきや学びをいただくことで、多くの考え方や柔軟性という武器を持てるようになりました。
　お世話になった消防業界に、今の自分が応援団の1人として一体何ができるのかを考えたとき、消防職団員が心身ともに健康に活躍し、退職後も現場で培った知識や技術を活かして活き活きと地域防災に貢献し、生涯現役で活動できるようサポートする。それが残された人生の使命だと感じるようになりました。
　そのために私ができることは微力で限られていますが、本書を通じて消防職団員の方々やこれから消防官を目指す方々、自分のメンタルと向き合ってみたい他の業界の方々に少しでもお役に立てれば幸いです。本書には様々な角度から業務に活かせるメンタルのヒントが詰まっています。過緊張している僧帽筋の力を抜き、リラックスした状態で是非お読みください。

鎌田修広

目次

はじめに —— 5
メンタルはいつでも誰でも鍛えることができる —— 9

第1章 ちゃんと備えて —— 11

声は闘う武器。日常会話から磨き続ける —— 12
自分を磨けば社会的地位が高まる —— 13
訓練礼式がもたらすメンタル強化作用 —— 15
能動的に継続する筋トレはメンタルを強くする —— 18
コミュニケーション・マッスル＝対話筋をつくる —— 23
ストレス耐性トレーニング —— 29
救助のスペシャリスト「究極に備えるメンタル」 —— 31
チームビルディング —— 33
一流職人のメンタル —— 35
心理学的視点で不祥事を防止する —— 36

第2章 ドンと構える —— 37

緊張して舞い上がる状態におけるモチベーションコントロール —— 38
NOW&HERE（今ここに集中） —— 41
胆力がある人のメンタル —— 43
定期的にお墓参りに行く理由 —— 45
消防は縦社会？それとも横社会？（心を縦にも横にも整える） —— 46
坐禅で心の筋トレを！ —— 47

第3章 いざというときは勇敢に闘え —— 49

- メンタル・タフネス「闘うエネルギー」 —— 50
- 世界で闘うエネルギッシュな恩師＝運動・食事・睡眠・呼吸 —— 52
- 〈達人に学ぶ〉アウェーで闘うためのメンタル①
 日の丸を背負って南極地域観測隊として活動　葛西 尚 —— 55
- 〈達人に学ぶ〉アウェーで闘うためのメンタル②
 全国セミナーコンテスト2017グランプリ大会出場、異業種700名の前でプレゼン！　大井聖也 —— 59
- モチベーションとテンションをコントロールする —— 62
- パニックコントロール —— 64
- 大切な「身内」のために闘う心理的エネルギー —— 65
- 災害と闘うための儀式「スイッチを切り替える」 —— 66
- 結果を出すためにはPDCAではなく、Gg-PDCA —— 67
- 〈達人に学ぶ〉日本中が大注目！
 「株式会社渋川消防」トップリーダーのメンタルに迫る　青山省三 —— 69
- 職場風土を変えるために必要なレジリエンス・マッスル —— 73

第4章 究極の備えは 心と体と絆のリカバリー —— 75

- 〈戦略的リカバリー〉という疲労回復の文化をつくる —— 76
- 当直でも非番でも睡眠をコントロールする —— 78
- 脳の中にあるストレスコップ —— 81
- ストレスコントロール —— 83
- 「心のV字回復筋」というレジリエンス・マッスル —— 86
- 組織的に取り入れたいメンタル向上エクササイズ 1
 ストレッチポール® —— 92
- 組織的に取り入れたいメンタル向上エクササイズ 2
 ストレッチングベンチ —— 92
- 組織的に取り入れたいメンタル向上エクササイズ 3
 タッピングタッチ（2人法・1人法） —— 94
- 自律訓練法で、こころとからだのリラックス —— 96

女性消防職団員に送るエール
女性が増えると、消防はもっと優しくなる —— 98

女性消防官インタビュー
政令市初の専任女性特別救助隊員！
川崎市消防局 多摩消防署 特別救助隊　古賀彩華 —— 101

あとがき —— 106

メンタルはいつでも誰でも鍛えることができる

　私たちはよく、「メンタルが強い・弱い」という言い方をします。では、何をもってメンタルの強さを判断をするのでしょうか？　また、メンタルは先天的なものでしょうか。それとも後天的なものでしょうか？
　メンタルには、育った環境や時代に大きく左右される側面があることは否定できないでしょう。高度成長期までの大家族と、核家族化が進み同時に少子化も進んだ現代を比較してみれば、子どもが育つ環境はまったく違います。大家族の中では食べ物も親の愛情も競争です。我慢を強いられることも日常的だったはず。一方、少子化が進んだ環境では、1人の子どもに対してたっぷりの愛情と手厚いサポートがかけられます。メンタルの強さに差がつくのは、必然と言えるかもしれません。さらには教育の環境や、周囲の人たちから受ける影響も少なくないはずです。先天的な要素以上に、後天的な要素の方が大きいのではないでしょうか。
　それならば、メンタルは後天的にトレーニングできるものだということになります。そして現在では、メンタル強化のための技術も研究されています。
　米軍のメンタルヘルス教育では、「よい兵士（つまりメンタルの強い兵士）は、問題を一切抱えていない兵士のことではない。問題に早い段階で気づいて、適切な解決を図ろうとするのが、立派な兵士だ！」と強調されます。気づいたり、考えたり、イメージしたりすることで、メンタルは強化できるのです。人間は思考や想像ができる唯一のほ乳類ですが、その能力を精一杯使うことで、メンタルを強化することができるのです。

〈メンタルを強化する3つの技術〉

① 内省
人を見るのではなく、自分自身を「内省」することで「心のクセ」に気づく
② 目標
本当はどうしたいのか、どうありたいのかという「目的や目標」を具体的にイメージする
③ 自己承認
自分でコントロールできることから行動を変え（行動変容）、それを行うことができた自分を肯定する（自己承認）ことを繰り返す

心のクセに気づく

　たとえば全国消防救助技術大会の出場まであと1ヶ月という時期になったとき、「まだ1ヶ月ある」と考える人と、「もう1ヶ月しかない」と考える人がいます。
　ストレスを抱えてしまう人の多くは認知の仕方が極端な場合が多く、小さな失敗を致命傷と大げさに考えてしまいがちです。グレーゾーンというあいまいな概念を許容できないので、白黒をはっきりさせないと不安になり、柔軟性もないので、何かにつけて「〜であるべき」「〜すべき」と考えてしまう「べき思考」にとらわれて自分を追い込んでしまう傾向があります。「もう1ヶ月しかない」と考える人は、このタイプといえるでしょう。
　もし自分がこういうタイプだったら、思いこみが強かったり、ひとつの考えに固執してしまうという心のクセをまず認識した上で、思考や行動パターンを軌道修正していけばいいのです。
　そのために必要なのが、自分自身と対話するためのコミュニケーション技術です。自分が主観的にとらえている状況や課題を、もう1人の自分が冷静に客観的に観察すること、と言い換えてもいいでしょう。自分自身を客観的に見ることができれば、状況や課題を別の角度からとらえることができます。そうすれば、考え方が変わってきます。今まで大きな悩みだと思っていたことが、それほどのことではなかったと思うようにもなり、別の結論を導くことができるようになります。

目標を設定する

　メンタルを強くする原動力は「目標」です。自分はどうありたいのか？　どこに向かいたいのか？　それを自問自答した上で出てきた「目標」は、メンタルにとって非常に重要なものです。

　心理学者は「心」ということばを使わず、「反応」ということばを使い、その反応は思考・感情・行動に分解されます。目標が設定されていれば、メンタルは考え方や捉え方の「思考」を土台にして、常に変化する「感情」と、習慣である「行動」と連携しながら目標達成へ進む「力」となり、困難を乗り越える「武器」になります。

　できる・できないを決めるのは能力ではありません。自分の目標を設定し、目標を達成する方向に行動できるよう、自分をマネージメントできるかどうかなのです。目標とは、あなたにとっての武器なのです。

オンリーワンのメンタルスケール

　スポーツの世界では心技体のバランスを保つことで高いパフォーマンスを発揮できると言われますが、心技体のうち「心」は目に見えません。不確実で不安定極まりない存在です。物事がうまくいっているときには「心」の状態は問題になりませんが、一度歯車が狂ってくると、自分の心が安定している状態を指す「心の基準点」がわからなくなり、対人関係もうまくいかなくなります。自分の心の状態を知るためには、自分専用のメンタルスケールを持っていたいものです。

　不安定な気持ちになったときには、その状態にきちんと向き合い、自分の気持ちをことばにして口から出したり、文字で書いてみたり、息を細く長く吐き出したりすると、心が安定します。体を動かしたり運動をするのも効果的です。運動することは抗うつ剤を飲んでいるのと同じで、逆に運動しないのは憂うつ剤を飲んでいるのと同じと表現する方もいるくらいです。

　消防官は体力錬成のために日常的に庁舎の周りを走っていますが、運動のなかでもタフな心と体を作るのはこうした持久力系の運動と言われています。ランニングや水泳、自転車、ジョギングなど単純な動作を繰り返すとき、人は「内省」しやすいのです。

　肉体と感情のメカニズムには関連性があり、鍛えられた体はいかなる困難にも立ち向かっていく自信を与えます。非常に高いレベルの健康状態を「メンタル・タフネス」と言い、健康な筋肉はストレスがかかっても柔軟性があることによって早く回復します。ただ、鍛え方には注意が必要で、オーバートレーニングは身体の機能を衰えさせて結果的にメンタルを弱くしてしまいます。目標達成のためには十分な回復（戦略的リカバリー）が必要なのです。また、アンダートレーニングも過度に休息することによって、かえってメンタルを弱くしてしまうのです。

　自分専用のメンタルスケール（＝心の物差し）は、そのときの自分に合わせてサイズを変えていいんです。常に自分を60点〜100点と評価できるサイズのメンタルスケールを持ち続ければ、いつも自分に「いいね！」が押せます。そうすればプラス思考を維持することができ、心に余裕が生まれてきます。

　心に余裕があれば、細かいことを気にしなくなり、我慢強くなり、大義のために自分を犠牲にしたり、相手の失敗を許すことができるようになります。そして心の器が大きくなることで、「心の余裕力」を手に入れることができます。

　そう、それこそが消防メンタルを強化するのに必要な要素なんです！

本文中、写真説明のついていない写真はイメージです。本文とは直接関係ありません。
写真：鎌田修広、岩田伸久、伊藤久巳、中井俊二、ほか

第1章

ちゃんと備えて

守るべき人
愛する人や
モノのためなら
誰でも
強くなれる

声は闘う武器。日常会話から磨き続ける

「気持ちをこめて大きな声で挨拶する」

これができるようになるために、新人教育では様々な角度から教育を施します。大きな声で挨拶できない人は、声が出ないのではなく、見えない壁があって勇気が出せない場合がほとんどです。思いこみ等の壁（メンタルブロック）を外したり壊したりしない限り、なかなか大きな声が出せるようにはなりません。

気持ちをこめた声は、武器になります。

災害現場では仲間や要救助者の目を見て確実に伝わる声を出します。

緊張している自分に声がけして、自分を奮い立たせることもできます。

声が飛び交うことでチーム全体に活気が漲ってきます。

人間は声に出して夢を語ったり、ポジティブな発言をしているときは無意識にインナーマッスルである腹横筋に力が入り、横から見ると上向きに言葉が飛び出していきます。この間はポジティブな相乗効果で、空気感は上向きに軽く感じられるかもしれません。

逆に誹謗中傷や愚痴などネガティブな発言をしているときは無意識にため息をつくときのように首がうな垂れて、横から見ると下向きに言葉が飛び出しています。この間はネガティブな足の引っ張り合いで、空気感は下向きに重く感じられるかもしれません。

皆さんの職場の空気感はどちらでしょうか？　どちらの方が、「さぁ、今日も1当直頑張ろう！」という明るく前向きな気持ちで出勤できるでしょうか？

会話や対話のコミュニケーションでは、一方通行ではなく双方向の言葉のキャッチボールが大切ですが、ボールはどこに向かって投げると相手が取りやすいでしょうか？

キャッチボールではあまり力まず斜め45度上方に投げると、きれいな放物線を描いて相手が取りやすくなります（左の図①）。

しかし、下向きの言葉を相手に届かせるためには、ゆるいと弾まないため（左の図②）、より強く、より強烈な言葉でないと届かないと思い、ネガティブ傾向が徐々にエスカレートしていきます（左の図③）。さらに、あまりよくない例として、そこにいない誰かをターゲットにすることで間違った仲間意識を醸成してしまうという側面もあります。

もう一度原点に戻って考えてください。消防官にとって口や声は何のために存在するのでしょうか？

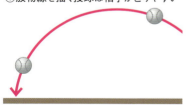

①放物線を描く投球は相手がとりやすい

②下向きにゆるい投球は相手に届かない

③そこで、より強くたたきつける投球にエスカレートしてしまう

要救助者の体を救う前に、勇気の出る言葉掛けで、まずは気持ちを救う

そうです。声は自分自身を奮い立たせたり、要救助者を励ましたり、仲間を応援したり、緊急走行中にお礼をしたり、感謝の気持ちを相手に伝えたりするための武器として存在するのです。

第1章 **ちゃんと備えて**

自分を磨けば社会的地位が高まる

知的活動で自分を磨く

　人間性を磨くために必要なものの1つが社会性です。他都市との交流で消防業務や訓練技術を学ぶことも大切ですが、異業種や地域社会等との交流を通した学びも大いに必要だと思います。

　生きる世界が狭すぎると、考え方や選択肢まで狭くなり、メンタルの柔軟性もなくなります。それは本当にもったいないことです。この1ヶ月を思い返してみましょう。消防官としてではなく、将来の自分のためにどのくらいの時間やお金や意識を投資したでしょうか？

　異業種の友人と将来の夢を語り合うとか、多くの書籍に触れてみるとか、自分が今よりももっと心豊かに成長し強くなるための「特別な時間」を意識して作っていますか？

　民間から消防官になった私は、新人で配属されてからしばらくの間、全く名刺が減ることがなく、とても危機感を抱いたのを覚えています。「このままでは自分の社会性が止まってしまう！」…素直にそう感じました。

　消防官は非番や週休日でも仕事のスキルアップのために多くの時間を割いている方が多く、それ自体は大変素晴らしいことなのですが、それだけではどんなに頑張っても狭い範囲での思考しか形成されません。柔軟な発想や思考を得るためには、常に新鮮な気づきや学びが必要で、それ

を通してメンタルの柔軟性を鍛えておけば、有事の際に〈知恵〉というアイデアが出せるようになるのです。

> ### 消防業界以外に学びの場を持つ！

道徳心を磨く

　消防官として市民から信頼されるには「道徳心」が必要です。道徳心とは人間力であり、相手のためにどれだけの想いで時間を使えるかということでもあります。

　人を助けたい、人の役に立ちたいという一心で面接に臨み、熱く訴えて消防官になった人は多いと思いますが、職場の仲間に対してその想いはいかがでしょうか？

　チームや仲間があっての自分です。「お互い様」「おかげ様」といった利他的な気持ちで接し、行動しているでしょうか？　それとも「俺が俺が」、もしくは「お前がお前が」という我の強い利己的な気持ちでいるでしょうか？

　誰かを助けようとする「利他心のエネルギー」は、親切心という道徳的な強みを発揮させ、自分を活性化する原動力になります。人は他人の役に立つ行為をすると、何故か自分自身が元気になるのです。

　一度初心に戻ってみましょう。チームや仲間の一員として存在するあなたのメンタルは元気ですか？　心の底から楽しいですか？　そして今、憧れの消防官になって本当に幸せですか？　本当はどうなりたかったのですか？

　消防学校初任教育時代のアルバムを見ながら、もう一度あの頃の自分と今の自分に問いかけてみてはいかがでしょうか。

> ### 道徳心＝人間力＝人柄

肉体を磨く

　身体は負荷を段階的に変えながら鍛え（刺激）続けないといけませんが、命令されて受動的に行うのか、自ら考えて能動的に行うのかで、メンタルの結果に大きく差がつきます。

　与えられた課題以上に能動的に続けた場合は、振り返った時にその積み上げた実績が強固な自信（事実）となります。これだけやったんだから大丈夫、と最後に自分を支え、さらに力強く背中を押してくれるのです。

　与えられた課題だけを受動的に続けた場合は、もちろんそれなりの成果は出ますが、管理下から外れると、ほっとして続かなくなる傾向が多いでしょう。

　肉体的鍛錬は継続が命。コツコツとやり続けて振り返った時に、大きな達成感を味わいたいものです。

> ### 能動的に肉体を磨く

第1章 **ちゃんと備えて**

訓練礼式がもたらすメンタル強化作用

> **POINT**
> 最高の一瞬のために、五感をフルに使って心を1つにする

> **POINT**
> 人数分の1の役割（責任）を果たそうとするとき、メンタルが鍛えられる

　行政職員や民間企業の人材育成には、消防のような「訓練礼式」はありません。しかしながら「訓練礼式」のような「集団行動」を導入しているケースは多く、私も集団行動で有名な日体大卒の元消防学校教官という経歴を信用していただき、訓練の依頼をいただくことがあります。では、いったい何が求められているのでしょうか？

　昔、礼は禮と書き、豊かな心を示したそうです。

　集団が規律正しく行動するには「心を1つ」にする必要がありますが、それには自己中心的な「利己心」をなくし、チームのために尽くす自己犠牲に近い「利他心」が必要です。集合要領の「集まれ！」は、この1点に向かって全エネルギーを集中するという明確な目標を示しており、訓練はここから始まります。

　では、訓練中の思考はどうなっているでしょう？　経験のある人はわかると思いますが、目的や目標に向かってひたすら人数分の1の役割（責任）を果たそうと必死なはずです。ミスをしたら誰かのせいとは考えず、どうしたらもっと上手くいくのか考え、感情をコントロールしながら助け合い、周囲を思いやっているはずです。そうして最高の状態に仕上げようとする気持ちが醸成されますが、まさにその瞬間には「思考」「感情」「行動」をフル活用してメンタルを鍛えているのです。

　また、訓練礼式には集団行動と決定的な違いが1つあります。

　それは階級上位の点検者による「点検」があることです。ここでは集団が見られるだけではなく、前後のバディで責任を持って服装点検後、縦横の列の乱れや個人の姿勢、身だしなみがくまなく確認されます。目の前に鏡はありません。相互に最終確認したバディを信じ、最後は自分を信じて「基本の姿勢」から目線も含めて一切動かず、直立不動の姿勢を保持

POINT

「まぁこれくらいで」と妥協しない

します。しかし不思議なことに、自分の品質に自信がないと心が乱れ、表情や態度に出てしまうのです。

活動服着用時の点検では以下のような視点がポイントになりますから、ここまでやるかというくらい何度も確認しましょう。

活動服着用時に点検すること

- ☑ 両足の角度や踵は揃っているか？
- ☑ 靴は鏡のように磨かれているか？
- ☑ 紐は緩んでいないか？
- ☑ ズボンの折り目は一直線か？
- ☑ ベルトのバックルは中心にあるか？
- ☑ 上着のボタンは中心にあるか？
- ☑ 上着のアイロンがけは？
- ☑ 手首も含めボタンは全てかかっているか？
- ☑ 中指の位置はズボンの折り目にそっているか？
- ☑ 爪は清潔に保たれているか？
- ☑ 胸ポケットやズボンの後ろポケットに何か入っていないか？
- ☑ 髭やもみ上げは清潔に処理されているか？
- ☑ 目線も含めて正しい姿勢か？ 個癖はないか？
- ☑ 活動帽は中心が合っているか？

消防官は、訓練礼式や点検等を通じて様々なことを学びますが、一番は物事に対する心構えです。闘う前の備え（準備力）を怠らないこと。それを継続して行うことの重要性です。

第1章 **ちゃんと備えて**

たとえば、目の前の小さい地味な仕事や、日々決めた小さいことを、99％でよしとして続けるのと、常にここまでやるかというくらい101％やりきることを続けることを比較してみましょう。1日の差はわずか2％。しかし、そのわずか2％が、1年365日経つと、1,451倍にもなってしまいます。

100×0.99の365乗＝約2.58　（まぁこれくらいでいいかな）
100×1.01の365乗＝約3,741　（ここまでやったらもう十分だ）
3,741÷2.58＝約1,451

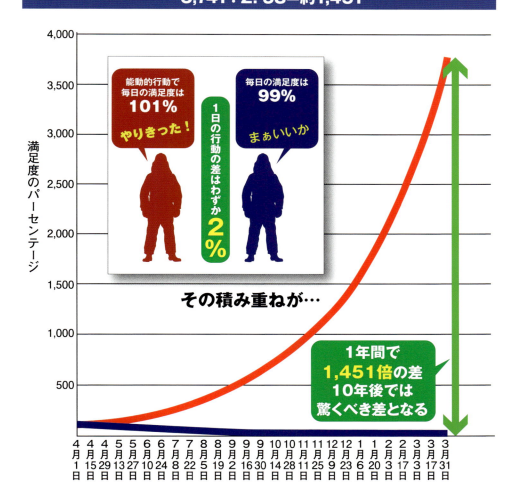

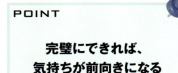

POINT

完璧にできれば、気持ちが前向きになる

　心地よい緊張感の中で通常点検等が完璧にできたときの達成感は最高であり、チームの一員として気持ちが前向きになります。
　毎朝でも週1回でも、消防の特権である訓練礼式で仕事始めのボタンを丁寧にかけ続けることは、組織と個人の品質を維持することに繋がります。訓練礼式はメンタルの強化に必要不可欠なんです！

能動的に継続する筋トレはメンタルを強くする

　筋トレを続けるとメンタルが強くなる、と聞いたことはありませんか？「能動的に継続する」ことは、実はメンタルにとって重要なポイントなのです。

　筋トレを続けると人間力が高まり、悩み事も解決に向かうという側面は確かにあります。逆に病気・怪我・入院等で体が弱ると急に弱音を吐くようになるなど心まで弱くなるときがあります。

　これには理由があって、筋トレをするとテストステロンというホルモン（やる気ホルモン）の分泌が促され、骨や筋肉が強化されるだけでなく、メンタルにも作用してやる気を向上させるのです。

継続できないのはなぜか？

　トレーニングを効果的に行うにはいくつかの原則があります。なかでも「過負荷の原則」（少し苦しい、少し難しい内容で実施）＋「継続性の原則」（能動的に継続する）の2つがメンタル強化に大きく影響しますが、ここでは一番大事な継続性について触れてみます。

　私は今から30年前にスポーツクラブのインストラクターをしていたことがあります。そのとき会員の方から一番多かった質問が「どうしたら継続できますか？」でした。ほとんどの方は運動の習慣を持たず、今日から週2〜3日頑張ります！と宣言して数ヶ月もしないうちに退会したり幽霊会員

第1章 ちゃんと備えて

> **POINT**
> 人生のゴールから
> 今を逆算する

> **POINT**
> 自分の性格に合った
> ルールを作る

になったりしました。
　運動の習慣がついていないのに、いきなり数時間の運動が週に何回も生活パターンの中に入り込んでくるのです。支度や往復の移動時間、施設活用時間等を含めて1回あたり3時間以上かかるとすれば、週に3回通えば1週間で約10時間程度を費やすことになります。極端に言えば人間は運動しなくても生きていけますし、施設に行かなくても運動はできますから、明確な目的や目標、強い意志を持たず、ただ何となく…ついでに健康になれば…程度のモチベーションで通い始めれば、数日間筋肉痛に苦しんだたあげく、二度とクラブの窓口に行くことはなくなるでしょう。
　なぜ継続できないかを考えるには、自分の思考・感情・行動等を分析してみましょう。
① 自分自身に問いかけます。（過去に継続できたこと、できなかったこと、それぞれの理由）
② 運動をしたい本当の理由（本当はどうなりたいのか？）
③ 運動したいと思ったときの行動に至るまでの分析
　たとえば支度から帰宅まで3時間もかかるとすれば、〈時間をつくる→運動用の服やシューズを支度する→車の運転（あるいは電車やバスに乗る）→駐車場に入庫→受付→着替え→ウォーミングアップ→運動→着替え→帰宅のための逆行動〉というハードルがたくさん待ち受けているのです。しかも大事な休日を半日潰すとなれば家族や恋人から様々なブーイングが出るかもしれませんから、相手のOKをもらうというハードルもあります。運動に至るまでのハードルが多ければ多いほど、「めんどくさい」と思うようになり、腰が重くなるのが自然な流れです。

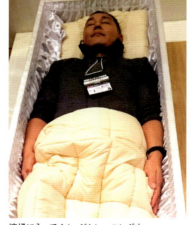

棺桶に入ってイメージトレーニング中。

私が継続できる理由は、棺桶に基本の姿勢で入る目標があるため
　私は約30年間にわたり体力錬成を継続してきましたが、続けてこられたのは、まず練成ではなく錬成の「錬」という字の「金属を打って鍛えるように心身を鍛え上げる」という言葉の意味を理解し、心身を鍛錬することを自分に課していること、また日常生活の中で体力錬成の優先順位を常に上位に置いているからです。
　さらに、人生の最後は「お世話になった消防業界に感謝（敬礼）の気持ちを込めて、棺桶には完璧な基本の姿勢で入りたい」というイメージを持ち、その日のために逆算して今を精一杯生きています。
　そもそも私という人間がめんどくさがりやで、時間にもだらしない性格なのは自分自身が一番よくわかっています。その性格を逆手にとって、昔から運動時間は概ね30分程度、支度から帰宅まで1時間以内におさえるという自分ルールを決めています。
　普段からよくジャージを着用しているので、ちょっと時間ができれば気軽にスポーツセンターに出かけることができます。外出先からでも靴を施設で借りるだけですみますし、短い時間で大汗もかきませんから着替えの必要もありません。施設によっては1時間以内であれば駐車料金も無料です。ダラダラできないよう閉館間際に行くこともポイントの1つです。

鎌田が実践する コバンザメ方式

- 自分が無意識に継続していることを探し出し、そこにちょっとした意味づけと行動を加える。
- 新たなことを0から始めるのではなく、ちょっとした労力で習慣化しやすくする行動変容の手法。

POINT

大上段に構えない。
ついでにやれば継続できる

コバンザメ方式

　全国の消防学校で講義をさせていただく場合は1時間前に到着するようにしたり、昼休みや講義後の時間を活用したりしながら、チョコチョコ運動を継続しています。

　私はこの方法をコバンザメ方式（元々やらなければいけないことにくっつけて、ついでに行う）と呼んでいます。

　この方法はかなりおススメで、ゼロから始めるわけではないので継続する確率が格段に上がります。

　海沿いをランニングしたりすると、結果的に1時間以上になることも多々あります。始めから1時間以上走ろうと思うと腰が重くなりますが、歩くついでに走ったら、気持ちがよくて結果的に長時間運動してしまった。こんな感じが意外に長続きのコツだったりもします。

メンタルブロック（自分の足を引っ張る心理的要因）

　メンタルブロックとは、たとえば本当は運動をやりたいのに、「自分には無理だ、継続できない」などとネガティブ感情の思いこみによる意識の壁、あるいは抑制や制止する思考（心にブレーキをかける習慣）のことを言います。その結果、何もできない状態が自分を支配することになります。

　「挑戦できない」本当の理由は、潜在意識に何かしらの「恐怖」が存在する可能性があります。その原因には、①過去に強烈な体験をした　②繰り返し刷り込まれた　③親の価値観を植え付けられた　④自分で取りこんでしまった等がありますが、なかなか自分では気がつきません。

　教官時代、実技の授業でどんなことにも最初に手を上げて積極的に挑戦しようとする学生がいましたが、彼曰く「失敗しても別に命が奪われるわけでもないので…」が口癖でした。さらに「1番という特権をワクワク楽しんでいます」とも。前例を見ずに行う挑戦は「できなくてあたりまえ」です。冷静に考えるとデメリットは少ないはずなのですが、たいていの学生は最初に挑戦することに二の足を踏みます。ネガティブ感情のブレーキはそれだけ重いのです。

　また、自分で何か目標を立てても「負け癖」がついている人は、「目標に向かって挑戦します！」と宣言したのと同時に、自分が傷つかないようできなかった時の言い訳もたくさん準備しており、「ほら、やっぱり今回も時間がなくてできなかった…」などと言い訳のイメージ通りの結果を導いてしまいがちです。

言い訳の3本柱
①できない自分を（仕事や時間等）環境のせいにする
②できない自分を（家族や職場等）他人のせいにする
③できない自分を（意志や家系等）自分のせいにして価値を下げ、正当化する

　そこで、意識的にメンタルブロックを打破するような思考を身につける

第1章 ちゃんと備えて

POINT

優先順位をはっきりさせる

ことが、積極性やチャレンジ精神等を発揮する上で重要となります。

メンタルブロックに気づくには

①自分にとって何が問題なのかを明らかにする。
　（例：運動しないことでの健康不安）

②その状況を具体的にイメージする。
　（例：生活習慣病に関連する病気により早く亡くなる不安）

③その時に感じているネガティブ感情を明らかにする。
　（例：肥満の家系だから仕方ない）

④仮にその感情を感じなかったらどうなるか考える。
　（例：好きな運動を始めているかも）

⑤ ④の答えの状態になれば、どんな感情が出てくるか考える。
　（例：最高に心地良く幸せ）

⑥ ⑤のそれを感じなかったらどうなるか考えてみる。
　（例：人生損してもったいない）

　たとえば、メンタルブロックが肥満家系に由来する場合で言うと、本当は運動することが好きで、最高に心地良く幸せな体験をしたいのに、肥満の家系は全員肥満になるという根拠のない勝手な思いこみのネガティブ感情にフタをし続けた結果、フタを抑えこむエネルギーで疲れ果て、何も運動できずに肥満になってしまったのです。

　こういう場合、まず1番にすることは、ネガティブな感情の解放です。（オートマ車のブレーキから足を外すと勝手に前進するイメージ）

　次に、駅の構内でエスカレーターと階段があったら無意識にエスカレーターを利用する反応パターンを階段に書き換えてみるなど、手近にできる努力から始めます。ついエスカレーターを選んでしまっても「やっぱりムリだ！」と決めつけず、少しずつでもトライし、前向きな気持ちで階段を選べたら「自分にだってできる！」と自分に自信を持つようにし、これを繰り返します。（心理学的に言うと自分を承認し、幸せな反応パターンとして上書き保存を続ける）

　そうすると、ある日、無意識に階段を選択している自分に気づくはずで

す。もしかしたらその辺りで周囲の人から「お前、最近変わったな〜」と気づかれるかもしれません。

自分を変えるのはゆっくりでいい

　人間は本来、恒常性（ホメオスタシス＝内部状態を一定に保って生存を維持する現象）という性質があるので、急激な環境の変化を嫌い、本来の自分の方へ引き戻そうとします。そのため、生活習慣が理想の高い居場所であたりまえとなるよう、休憩しながらでもゆっくりと徐々に上げていくことが必要です。最低でもこれくらい、最高でもこれくらいというゾーンを決め、心地よい居場所を緩やかにキープするよう心がけます。

　逆に「よし！　今日から週3回運動だ！」というように一気にペースを上げると、登山にたとえるならあっという間に高山病にかかって下山を余儀なくされます。ダイエットと同じで、失敗を繰り返すと「自分は目標を立てても実行できない人間なんだ！」と潜在意識に刷り込んでしまうことになります。

　トレーニングの語源はトレイン（列車）。車両が連結して繋がっているイメージの通り、継続することが何より重要です。結果にコミットするためには、まず自分自身が本当はどうなりたいのかと本音で向き合い、ネガティブ感情を解放しながら少しずつ行動や反応パターンを書き換え、承認しながら上書き保存を繰り返すことです。そうすることでトレーニングが継続でき、継続できた自信によってメンタルも強くなっていくのです。

POINT
**継続できた自信が
メンタルを強くする**

第1章 **ちゃんと備えて**

コミュニケーション・マッスル＝対話筋をつくる

　本書の執筆にあたり、様々な方からご要望をいただきましたが、その80％くらいが人間関係に関してのものでした。
　ここではまず、良好な人間関係を持つための土台となるインナーマッスル的役割を担う考え方をいくつかまとめてみました。

〈人としてのあり方〉

思いやりは先天性
　人は誰でも生まれる瞬間から思いやりを持って生まれてきます。生まれてくる赤ちゃんは母親の体を傷つけないよう頭蓋骨の形を変えながら母体外に出てきますが、これは相手のために自分が変わることができることの証明でもあります。人は基本的に優しいのです。

異なる人間の価値を認めリスペクトする
　他人と自分は成育歴も含めて全く違う人間であるという大前提があります。そして違う生き方・働き方やその人特有の価値を認め合うからこそ、敬意（リスペクト）を持つことができます。上司・部下・男性・女性としてではなく、ヒューマン＝人として関わることが大切です。

人が人を育てる
　人は、人によって磨かれます。人の中に加わることで得られた気づきや学びを通じて自分が変わるチャンスが得られます。世界的IT企業が無人島でサバイバル合宿を行う理由も、目の前にいる人と徹底的に関わることで人としての原点に返り、人としてのバランスを保つためなのです。

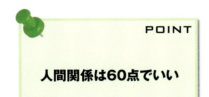

POINT
人間関係は60点でいい

〈人間関係のあり方〉

人間関係の60点は円満点
　効果測定の60点はギリギリ合格ラインですが、人間関係については、60点は円満点という満点合格です。完璧な100点満点を無理に目指すとお互いに苦しくなるので、仕事上はこれで十分なのです。基本は良い所を見つけ、加点法で考えていきましょう。

三方よしの考え
　3人で手を繋ぎあうと各々の手が全員と繋がり、顔の見える関係＆支え合う関係の最小単位ができ上がります。人間関係のバランスを保つためには近づきすぎない三角関係がいいのです。それぞれが幸福になるためにはどうするか？　という客観的視点を持つことができ、自分よし・相手よし・みんなよし（自分・上司・職場等）になるよう考えてみると、自分に何かできるのではないかと行動を起こしやすくなります。

23

利他ファースト

　人間関係の基本は、相手を理解し、受け入れた上で自分を理解してもらうということの繰り返しです。家庭内で今日の出来事を先に話しますか？　まずは相手の話を先に聴きますか？　その順番を間違えるとその場の空気が怪しくなってきます。

ヒューマンチェーンの関係性は強い

　1つ屋根の下、寝食を共にしながら相手の強みや弱みを理解した上でその存在を認め合います。その相手と新たな関係性を築くことが受容であり、心から受容することができると共感に繋がります。相手の懐に入る程よい距離感はお互いの手首を握り合うヒューマンチェーン（人間の鎖）の関係で、平時は力まず繋がり、有事にはガッチリホールドしてお互いを支え合う信頼関係が構築されやすいのです。

〈勇気を出すために〉

自分から誰かになってみる

　仕事での人間関係は大切ですが、一生涯の親友を得るために今の職場で仕事をしているのでなければ、ある程度の割り切りも必要です。

　今の状況を変えなくてはいけない場合、自分から動かなければ何も起こらないし、何も変わりません。「誰かが何とかしてくれないかな…」そう思った瞬間にその誰かになってみるのです。この習慣が身につくと自分で背中を押すことができるようになります。

> **POINT**
> 力まず繋がる
> ある程度割り切る
> 自分から動く

第1章 ちゃんと備えて

POINT
嫌われてもいい
と思う

嫌われてもいいと思う

　人間関係で勇気を出すときのキーワードは「嫌われてもいい」と思うこと。日常「仲間外れにならないように」という目的でコミュニケーションをとっていませんか？　それは自分本来の行動ではなく、周囲にコントロールされた（振り回された）大変疲れる人生です。当然仕事上の関係は最低限こなしますが、その人とどうかかわりたいのか、どのような関係性を築きたいのか、実は自分の方に主導権があるのです。

自分は試されている

　困難の壁に直面した時は、「それを乗り越えるだけの仕事や職場に対して強い想いがあるかどうか試されているのだ」と思えば逃げたりせずに挑戦意欲がわいてきます。壁は自分の頭の中にあり、達成感を得るために自分自身が越えられるだけの高さや厚さの壁を、意図的に作り出すものだとも言われているのです。

POINT
ネガティブな感情は
口に出して吐き出す

クリアリングで清算できる

　どうしてもネガティブな感情を隠しきれないときは、相手のいない所で一度口に出してスッキリしてから、続けてポジティブな発言をし、結果的に±0（クリア）にすることで、なかったことにすればいいのです。それにはトイレが最適。個室なので他者との距離が確保でき、最後は全て水に流すというクリアリングのダブル効果が期待できます。

失敗しても価値は変わらない

　人の価値は、負けたり失敗することで失われることはありません。うまくいかなかった結果は行動を起こした人にしか得られない勲章であり、後の財産となります。失敗を恐れて何もしない「見逃しの習慣」より、まずはやってみよう！　という「空振りの習慣」でいいのです。目標があるからこそ失敗して悔しい…という感情が生まれるのであって、そのエネルギーが間違いなく次の訓練への原動力となるのです。「挑戦は成長を約束する」という背中を押してくれる前向きなことばもあります。

〈部下の指導〉

テイク2はOK

　うまくできなかったり間違ったりしたときに教官が注意をして「わかったか？」「はい」とやりとりするのは、よく見るシーンです。でも、何度も同じ過ちを繰り返す学生はいませんか？　消防学校の教官方は、日直に対して部屋に入るところから何度もやり直しをさせたりしますが、それは理に適っています。テイク2を撮り直すイメージで正しい行動を繰り返させることで、学生に正しい習慣を身につけさせることができるのです。

自分の行いを正す

　部下は上司の言ったことば通りには育たないものです。部下は何を言

> **POINT**
>
> 部下に考えさせる
> 対話をする

われたかではなく、上司の行いを見て育つものです。学ぶの語源は「真似ぶ（まねぶ）」だそうですが、部下はあらゆる角度から上司の行いを見ていて、いいところも悪いところも真似します。仕事面だけでなく、人生のお手本にされるような自分を目指しましょう。

上司が部下に伝えること

自分の失敗を部下に伝えると、部下には自分への共感が生まれ、どうしたらいいのか自ら考えるようになります。逆に成功した事しか伝えないと、同じようにやればいいんだと思ってしまいます。成功例1つの選択肢しかなくなって、深く考えなくなるからです。

部下への伝え方

多くの隊長は、「隊長どうしますか？」と聞いてくるだけで自分の意見がない部下からの質問が一番困るそうですが、逆に部下に何かを伝えるときはどうでしょうか。感情的になったり強い口調で威圧するような話し方をしていませんか？ 部下との対話では「俺はこう思うが、お前たちはどう思う？」とことばのキャッチボールができるよう心がけましょう。

肯定的なストロークを投げる

身体には食べ物や飲み物が必要なように心にも栄養が必要です。SNSの「いいね！」ボタンのように、その行為が他者から存在を認められること＝「ストローク」なのです。肯定的なストロークによって心の健康がもたらされ個人が活き活きとしてくれば、組織の活性化につながります。
（下表参照）

ストロークの3つの領域

	肉体的	言語的	心理的
肯定的ストローク	「肌のふれあい」 なでる さする 抱擁する 愛撫する 握手する	ほめる なぐさめる 励ます 語りかける 挨拶をする	「心のふれあい」 ほほえむ うなずく 相手の言葉に耳を傾ける
否定的ストローク	叩く なぐる ける つねる その他の暴力行為	叱る 悪口を言う 非難する 責める 皮肉を言う	返事をしない にらみつける あざわらう 無視する 信頼しない

出典：『人を育てる愛のストローク―無条件のふれあいで子どもは変わる』（杉田峰康著　財団法人モラロジー研究所刊）

第1章 ちゃんと備えて

POINT
肯定的なストロークで、相手の心がほぐれる

〈良好なコミュニケーション〉

威圧的な態度の相手に対しては

　威圧的な態度は、その人の過去の経験から導かれた上下関係をはっきりさせるための技術の1つかもしれません。また、その人なりの工夫と努力の証かもしれませんし、懐に入られるのが苦手なのであえて距離感を保っているのかもしれません。こういうタイプの人には、直接的な表現で正論をぶつけても倍返しされやすいものです。また敵を作りやすい人でもあるので、あなたが1枚うわてになり、意図的に肯定的なストロークで交流を図ってみましょう。もしかすると、周囲が自分に無関心であることに耐えられず、あなたにストロークを求めていたのかもしれません。相手の心がほぐれて職場の空気感まで変わってきたらあなたの勝利です。

自分の価値を絶対に下げない

　人と上手くいかないことがあっても、暴れたり、変な態度をとったり、悪口を言ったり、不祥事を起こした瞬間に自分の価値は下がってしまいます。自分の価値は自分の努力次第で上げることができますが、自分で下げることだけは避けましょう。一度失った仲間の信頼を再び得ることは、想像以上に険しい道のりなのです。

POINT
相手や自分を変えるより、人間関係を変える

多角的な目線を持つ

　面談で斜め45度の位置に座ると良好なコミュニケーションが取りやすいのと似ていますが、苦手な人の一部分だけを見て、自分目線の思いこみで判断しないようにしましょう。相手目線や第三者目線やプライベート目線等でその人を分析していくと、意外な人柄が見えてきたりするものです。苦手意識がある人ほど両目で動きを追ってしまうので、たまには片方の目を閉じて相手を大目に見るというコントロールも必要です。

団欒を意識した配置にする

　家族団欒で使われる欒という字の意味は「人が丸く集まって和やかな様子」を表します。消防一家とも言われるので、部隊ミーティングや会議、検証、食事など、あらゆる機会にお互いの表情が見える円の配置を意識することで、話しやすい場の空気を提供できるのです。

相手を変える？　自分が変わる？

　相手を変えるようとすると、とてつもなく大きなエネルギーが必要で自分が疲弊してしまいます。かといって自分で自分を変えるのも容易ではありません。それなら、人間関係のかかわり方を変えればよいのです。距離感を変える、コミュニケーションのとり方を変える、ストロークを変える、優先順位を変える、と方法はいろいろあります。これならちょっと意識すればできますし、気がついたらお互いに少し前向きな変化が現れるかもしれません。

〈望ましくないコミュニケーション〉

スケープゴートを作ってしまう

　スケープゴートとは、集団が持つ欲求不満を解消するために、その中の1人を共通の敵とみなし攻撃しようとする集団心理です。標的には、非番等でその日にいない人が選ばれたりするものですが、気がつくと自分も標的となり、チーム内の信頼関係は築けなくなります。

他人と自分を比べる習慣

　他人と自分を見比べてもコンプレックスや嫉妬や憎しみが生まれてくるだけで、結果的に不幸へと導かれるだけです。まずは自分というオンリーワンの品質の希少価値をしっかり把握し、本当はどんな生き方や働き方をしたいのかセルフイメージをより具体的に高めることを心がけましょう。そのためには今の自分を100点満点として測れる心の物差しを持つことも大切です。

ストローク（心の交流）を与えない

　24時間の当直中、周囲の人にずっと無関心でいられると（ストロークが与えられないと）、人は存在意義が否定されたと感じ、居場所がなく苦しくてつらい状況に陥ります。ストロークは食事と同じように定期的に与えていかないと、コミュニケーションの飢えにつながります。

事例 コミュニケーションで心の筋肉をアップさせる

　ある本部の警備課長は、当直して一番初めに、前回の当直が全員無事に過ごせたことに対する御礼（市民から電話でのお礼や窓口でのお手紙の紹介等）と今回の当直に対する激励を、出張所も含めた全ての部署にメールするそうです。人間にとって究極の幸せとは〈愛される・褒められる・人の役に立つ・必要とされる〉こと。これらを常に実感することで仕事への取り組み方は明らかに変わってきます。

やたらと対立する人は
闘う相手や方向を間違えている。
横ではなく上である。

第1章 ちゃんと備えて

ストレス耐性トレーニング

POINT
心が折れないための
自己肯定感と
ストレス耐性

POINT
周囲の環境に惑わされず、
目の前に集中する

　自己肯定感（今の自分をありのまま認めること）＋ストレス耐性を育てることは、強い子どもを育てるための世界基準と言われていますが、これは大人でも同じです。日本人は世界にくらべて自己肯定感が弱いと言われていますが、とくに最近はその傾向が強いようです。心が折れないようにするためには、集団、自然、多少の理不尽さの中で自己肯定感とストレス耐性を身につけることが必要とされているのです。

「嫌いな人」がもたらすストレス

　試験会場や職場、カフェなどで、貧乏ゆすり、鼻をすする音、強烈な香水や整髪料の匂い、ため息や咳き込み、ペンを回したり落としたりする音などにストレスを感じたことはありませんか？　こういうときに限って、一度気になり始めるとどんどんエスカレートして、かえってストレスの原因に目を向けてしまうものです。

　人間関係も同じです。嫌な人がいると、その人のことが気になって何かと見てしまい、嫌だと思う気持ち＝ストレスが増幅していきます。そんなときは、目の前にある自分のやるべきことに集中し、その人のことは一時的に扱わないようにすることが重要です。

　気持ちをそらすためには、本や書類を頭の中で声に出して音読したりするのもいいでしょう。言語中枢は同時に複数の働きをすることはできませんから、外部の雑音がシャットアウトされ集中できます。

「初めて」はストレスになる

　人は「初めて」にドキドキワクワク＝多少のストレスを感じるものです。大事な試験や試合で初めての会場に行くことを想像してみてください。知らない場所に行くこと自体の不安があるでしょう。いわば、完全なアウェー状態。そのような場所で本来の力を発揮することができるでしょうか。

自分には雨が全く見えません

鎌田's Talk

　消防学校の教官時代、全国消防救助技術大会のために消防学校に来ていた同期生と久しぶりに会いました。その日は雨が降っていたので、何気なく「あいにくの雨だけど、頑張って！」と声をかけたところ、彼の目つきが一瞬鋭くなって、「これくらいの雨の中での訓練は相当やりました。自分には雨が全く見えません！」そう言い残してその場を去っていったのです。

　現地訓練で様々な想定をして訓練を重ねてきたからこそ、強がりではなく本心から出た言葉だったと思います。ストレス耐性トレーニングを繰り返してきたことで、彼は自分ではコントロールできない天候ではなく、コントロールできる目の前のやるべきことに集中できるようになっていたのです。メンタル強くなったな〜、そう感じた瞬間でもありました。

しかし、事前に一度訪れて交通機関や会場周辺等をしっかり確認しておけば、既にある程度のイメージができあがっている（ストレス耐性ができあがっている）ので、環境に意識が行かず、目の前のやるべきことに集中できるのです。2回目というのはデートでもそうですが、相手のことをある程度理解しているので、お互いの距離感がぐっと縮まり、本音で勝負できる（試験や試合で言えば本来の力を発揮しやすい）のです。

> **POINT**
> アウェーの勝負では
> 事前に下見や
> イメージトレーニングを

軍隊式のストレス耐性トレーニング

さらに軍隊では強制的なストレス耐性トレーニングおよび強制的なリカバリーサイクルを行って、隊員のメンタルを強くしています。

① 常に姿勢を正した行進や命令に対する反応（勇気・自信・決断力を育てる）
② 肉体・精神・感情に対し、定期的にストレスを与える
③ 睡眠・食事・飲料・休息の正確なコントロールと統制

数年前から企業の新人研修で、集団行動等の軍隊式教育やサバイバル訓練等の教育が再び見直されるようになってきました。私自身も毎年多くの学生たちとサバイバル訓練の一環として富士登山を継続しております。いったいなぜ需要があるのでしょうか？

全国の消防学校にも地形等を活かした伝統的な訓練がありますが、困難を乗り越えた成功体験は、何年たっても「みんなであの厳しい訓練を乗り越えることができた！」という涙ながらの達成感とともに、心の支えとなるからです。

消防学校のストレス耐性トレーニング

全国の消防学校でも、ストレス耐性を高める一環として訓練礼式という集団行動を行ったり、重いホースを担いで搬送したり、防火衣を着用して暑熱馴化しながらランニングしたり、就寝中に訓練呼集で呼び出されたり、水深のあるプールで着衣泳を行ったり、荒天の中で各種訓練を行ったり、想定が予め示されないブラインド訓練を行ったり、回数を示さないで体力錬成を行ったりしています。これらは、肉体や精神、感情に対してストレスを与えることによるストレス耐性トレーニングですが、学生たちは約半年の教育を終える頃になると、体つきだけでなく目つきまで力強く変化しています。そして多くの承認行為により自己肯定感が高まり、さらに「自分はやればできる！」という自己効力感も身につけているのです。

> **POINT**
> 段階的にストレスを与えて
> ストレス耐性をつける

第1章 **ちゃんと備えて**

救助のスペシャリスト「究極に備えるメンタル」

特別高度救助部隊部隊章
盾の形は「守り」をあらわし、下から伸びる左右の月桂樹の葉は「名誉・勝利・栄誉・栄冠」をあらわし、レンジャー隊員章から継承している。基調の黒色は救助魂の「勇」を、中心の「横浜」は全国に広く目を向けていく姿勢を、そして、文字の赤色は横浜救助の「力」をあらわす。

　私は消防訓練センターで本当に素晴らしい諸先輩方と共に9年間勤務させていただきましたが、特に救助隊出身の教官方は毎朝トレーニングを欠かさず、常に周囲に気を配り、靴磨き（心を磨く修業『無心』の時間）やアイロンがけ（シワは気の緩み）等の身だしなみも自ら率先して行い、机の中の小物1つひとつに名前を書き、ここまでやるかというくらい整理整頓を含めた究極の備えを完璧にしていました。「凡事徹底」という見るからにブレない軸があり、だからこそドンと構え、常に「余裕力」を持っていたのです。

　人材育成においても、自らの生き様があらわれる広くて厚みのある背中を見せ続け、たとえ学生本人が諦めても教官として絶対に諦めず、学生を信じ続けることで奇跡が起きた瞬間を何度も見てきました。

　また、現地の救助隊の方々は、毎当直体力錬成を兼ねて遠方から自転車で通勤し、他都市との情報共有・人事交流も欠かさず、多くの方々を紹介してくれました。

　ある日の懇親会では「明日、当直ですから僕たちはお先に失礼致します」とさっと帰っていきました。時計を見ると20時ジャスト。その場にいた大多数も同じように翌日勤務でしたが、残された我々は職業意識の違い

横浜市消防局のレンジャー隊員

日本で前例のなかった「救助隊」発隊にあたっては、自衛隊レンジャーに教育を受け技術を習得したことから、横浜市消防局の救助隊員は「レスキュー隊員」ではなく「レンジャー隊員」と呼ばれている。そのレンジャー隊員には、体力、気力、忍耐力、誇りだけではなく「不撓不屈の精神」が必要とされている。「不撓不屈」とは、どんな困難があっても決して心が折れず、意志を貫き通すことである。人命を救助するには、あらゆる困難も克服できる体力と精神力が必要であり、レンジャー隊員は「レンジャー3訓」を掲げ、基礎体力を養っている。

レンジャー3訓

1 レンジャーは、どんなにきつい、厳しい訓練にも泣き言、愚痴は言わない。
2 レンジャーは、常に訓練を怠らない。
3 レンジャー隊員としての誇りをもつ。

にしばしほう然。二次会へ行かずに全員解散しました。

自分ルールに厳しく、小さなことにも妥協せず、仕事に誇りと自信を持っているからこその立ち居振る舞い。生き様すべてがカッコいいと感銘を受けました。

「最後の砦として最悪を想定し最善を尽くす究極のチーム」の隊長達に、精鋭を選ぶ判断基準について質問したことがあります。答えは即答でほぼ全員同じでした。

> 「人間性を重視する」
> 「私的な面も含めて周囲の評判を尊重する」
> 「毎日同じことに対し手を抜かずに継続できる人を信頼する」

スポーツの世界で、トップアスリートが毎日同じことをひたすら繰り返して無意識の領域に落とし込み強くなっていくのと同じように、究極の救助チームも毎日同じことでもしっかりと意志を持って繰り返しているからこそ、最強と呼ばれるのでしょう。しかし、現実はこれが一番難しいのです。

純白の飾り紐
左肩の純白の飾り紐は、いかなる困難な現場であっても絶対に救助をするという自分自身の強い使命感、すなわち「不撓不屈」をあらわすものである。

純白の靴ひも
消防隊、特別救助隊は黒色の靴ひもを使用しているが、特別高度救助部隊の隊員は白色の靴ひもを使用する。純白の靴ひもを締めることは、災害現場において細心の注意を払うことができ、頭の先からつま先まで己の気力、点検が完全であるという証。

チームビルディング

POINT
共同体感覚を醸成し、ヒューマンチェーンの関係を築く

災強部隊で闘うために

　消防職団員の総数は減少傾向にあります。そのような中で火災件数は減少傾向にあるものの、救急件数は増加し続け、さらに災害は大規模化、複雑・多様化しています。限られた隊員数・団員数・部隊数で効果的に闘うためには、シナジー効果（相乗効果）を生み出す組織づくりが大切です。消防団新法をきっかけに、顔の見える関係を構築する目的も兼ねて消防職員と消防団員が合同で行う研修や訓練がさらに増えることを願っております。

　さて、タイトルの「チームビルディング」とは、企業の組織作りやスポーツのチーム作りの手法の1つで、助け合う状況等を人工的に作り出したり、支え合ったり、弱みを見せて頼ったりしながら、体験の共有を通じて信頼関係の構築を行い、共同体感覚（チームの一員）を醸成していくやり方です。この感覚が高まると、ありのままの自分を認めて受け入れることができ（自己受容）、チームメイトをリスペクトすることですべての言動（言葉と行動）がチームの成長に繋がっていきます。災害活動の中で誰かがミスをしても、その人を責めるのではなく、チーム内でどうカバーするかという意識が芽生え、お互い様というヒューマンチェーンの関係が築けるのです。

　これは城壁の野面積みのように、自然石をそのまま積み上げる方法と似ています。統一性のない大小の個性を活かし、上の石が下の石を締め付けたり、時間と共に強く頑丈になっていく、いわゆる集団力のことです。さらにコミュニケーションという組織が活性化するための血液と、心の報酬という酸素を組織全体に行きわたらせることで、理想的な健康経営が成り立つのです。

　心理学者のタックマンは、組織進化のプロセスを4つの段階で表現しています。このタックマンモデルを消防的に落としこんでみましょう。

組織進化のプロセス

①形成期（フォーミング）
・人事異動等により新たな部隊や係ができた直後で、模索しながら関係性を築く時期
・事なかれ主義であったり、自分だけは頑張っている利己心が強い時期
➡訓練礼式等、消防の特権を活用しながら時間をかけてでも人間関係の第1ボタンを確実にかけるための意図的な努力が必要です。土壌のないところに芽は育たないので、チーム作りを焦らないことです。

②混乱・対立期（ストーミング）
・事務分掌等に基づき役割や責任等考え方の枠組みや感情がぶつかり合う時期

- とにかく自分は正しい、余計なことはしたくない、やるだけ無駄と思う時期

➡ この段階を越えるあたりからチーム作りが加速していきますが、その前に人事異動の時期が来て、また1からスタートということもあるでしょう。

　勤続40年の間で4年毎に異動すると仮定すれば、計10回のグループが形成されることになりますが、退職まで何回良いチームと巡り合うだろうか、と受け身に考えるのはNG。自ら働きかけ、より良いチームに仕上げていくことが最高水準の消防サービスを提供することにも繋がります。どの業界でも同じですが、従業員満足度（ES）があって、はじめてお客様満足度（CS）に繋がるのです。

③統一期（ノーミング）
- 隊（係）員同士がお互いの考え方を受容し合い、共通の規範や役割分担ができあがる時期
- 自分たちでもやればできる、仕事が楽しいと感じ始める時期

➡ 訓練の前にチームビルディング、その後に実践的な訓練を行う等分解すると効果的です。相互理解ができているので、もっと関わりたいと感じているのです。

④機能期（パフォーミング）
- 部隊・係がまとまり、目的や目標に向かってよりよく機能して成果を出す時期
- この組織・部隊・係なら何でもできると感じる時期

➡ 目的に向かってイメージが共有でき、災害活動で阿吽の呼吸に近い活動ができます。このチーム状態で仕事ができた場合、人事異動で離ればなれになっても定期的に集まるなど良縁が続いていきます。

　皆さんが地域住民だったらどの段階の部隊に来てほしいでしょうか？
　人事異動がある4月や10月に、ソフト面の消防力は維持できていますか？
　チーム作りを隊長や上司の資質のせいにしてしまっては運が良いか悪いかになってしまいます。まずはチームの一員として自ら能動的にできることがあるのではないでしょうか。
　人と人との間の関係性や繋がり方を変えていくことで活性化させる方法がチームビルディングなのです。あなたが今所属する場所はグループ（集団）ですか？ それともチーム（組織）ですか？ 隊長や係長というリーダーは個人の能力を引き出し、チームの成長を加速させるファシリテーター（進行促進役）ですか？

オンザピッチ「有事に必要な直接的スキル」
オフザピッチ「平時に必要な間接的スキル」

　1当直の中でどちらが重要でしょうか？ ゴルフがショットの時間よりも歩いたり考えている時間の方が圧倒的に長いように、最高のチーム作りを行うために一流の職人は、有事の対応以外の圧倒的に長い時間をどう過ごすかが重要であることを理解して究極の備えを実践しているのです。

> **POINT**
> グループ「集団」から
> チーム「組織」を目指す

> **POINT**
> オンザピッチのために、
> オフザピッチにこだわる

第1章 ちゃんと備えて

一流職人のメンタル

皆さんの組織には多くの知識・経験を持つ職人のような消防官が多く在籍しているのではないでしょうか。

職人の中でも一流と呼ばれる人は、ここだけは絶対に手を抜かないこだわりという軸を持って生きており、大いに夢を語ります。

一流職人として私の頭にすぐ浮かんでくるのは、横浜で注文家具を作る秋山木工さんです。宮内庁・国会議事堂・迎賓館等に家具を納品されていますが、一流の家具職人を育てる独自の人材育成制度が注目され、多くの業界から見学者が訪れています。

秋山さんは、心が一流になれば技術も一流になるという信念のもと、職人たちと寝食を共にしながら技術力40%、人間性60%で人を評価しています。なかでも人づくりの基本を凝縮したのが「職人心得三十箇条」で、『一流を育てる 秋山木工の「職人心得」』(秋山利輝著 現代書林刊)で紹介されていますので、その中の一部を左でご紹介しましょう。

職人心得

・挨拶のできた人から現場に行かせてもらえます。
・道具の整備がいつもされている人から現場に行かせてもらえます。
・前向きに事を考えられる人から現場に行かせてもらえます。
・感謝のできる人から現場に行かせてもらえます。
・身だしなみのできている人から現場に行かせてもらえます。
・意見が言える人から現場に行かせてもらえます。
・トイレ掃除ができる人から現場に行かせてもらえます。

出典:『一流を育てる 秋山木工の「職人心得」』
(秋山利輝著 現代書林刊)

私が注目したのは、現場に行かせていただくという感謝の気持ちと謙虚な姿勢です。さらに、お客様への心くばりです。しかし心は目に見えませんから、見える部分である道具の整備や身だしなみを徹底し、接客する前の準備に全神経を注ぐのです。さらにお客様の家に上がるときは必ず靴下を履き替えるそうです。

一流職人の一流の生き方を紐解くと、目の前の人、道具、物事、そして自分自身にしっかりと向き合い、絶対に自分をごまかさず、信念を持って素直に真っ直ぐ生きている感じが伝わってきます。

それは、骨を正しい位置に真っ直ぐ整えると急に強くなるのと似ていて、自分自身の姿勢や物事に対して取り組む姿勢を正し、正しい習慣を続けることで生きる姿勢も変わり、確実にメンタルも強くなっていくのです。

また、通常であれば組織の中で50歳を超えると、お世話になった組織に恩返しする時期になりますが、50歳になった今もなお一流サッカー選手として活躍されている三浦知良選手のように、100回こなすトレーニングメニューをこっそり101回やり切る姿勢など「好きなことで満足せず、成長するために貪欲に挑戦する姿勢を貫く」ことも一流であり続けるために必要なメンタルだと思います。

メンタルポイント

技術の一流を目指す前に、心の一流を育てる覚悟を持つ
一流の人には、ものの見方、考え、信念を生み出す哲学がある
満足せず慢心せず挑戦し続ける(慢心が天敵)
挑戦は成長を約束する(挑戦しないことの方が怖さが大きい)

心理学的視点で不祥事を防止する

毎日様々なニュースが報道される中、消防業界の不正や不祥事が伝えられると非常に残念な気持ちになります。そのたびに会見やコメントでは「周知します、徹底します、誠に遺憾です」等の繰り返し。どこの本部の不祥事でも、世間では消防とひとくくりにとらえられます。これでは全国のOB・OG達は自分の人生に誇りを持てるでしょうか。

不祥事を起こす組織には、共通する3つの陥穽（落とし穴や罠という意味）があります。（左記参照）

> ① トップが耳に痛いことを聞こうとしない。
> ② トップにへつらう者が好き勝手なことをしている。
> ③ 職員が仕事に対する正しい職業意識と志を欠いている。

つまり、個人の問題もさることながら、職場環境が大きく影響しているのです。

不祥事の防止は職場全体で取り組むべき問題ですが、おそらく示達では「こういう事案が発生しました。希薄な職業意識と使命感の欠如が今回の不祥事を起こしたと思います。皆さんも自分事として十分気をつけましょう」と伝えられると思います。これは最低限の周知に過ぎません。人には正常性バイアスが働いて「自分だけはそんなことはしない、大丈夫」と信じていますから、心の奥底まで届かないのです。

POINT
必要なのは、ここまでやるのか！ というくらいの覚悟

不祥事の防止を徹底するのに大事なのは、事案を我が身に置き換えるイマジネーションです。

まずは事案を振り返り、何処でストップをかけることができたのか？ それが何故できなかったのか？ 何をすれば防ぎ続けることができるのか？ などを、集団や個人にシミュレーションさせます。

さらに発覚して処分された後の人生ストーリーまでをシミュレーションさせます。家族や知人の誰に迷惑をかけることになるか？ 誰が苦労するのか？ もしかしたら住み慣れた土地を一家で離れなくてはいけないことになるかもしれない、離婚することになるかもしれない、そうすると子どもは…などと、具体的な名前をあげながら置き換え考えさせていくのです。

POINT
組織の価値やプロ意識は自分たちで守り続ける

これは、ここまでやるのか！ と他人が見たら異常と思うほどの執念を持って徹底的に実行することを繰り返し、心のブレーキが醸成されることが周知・徹底という本来の意味と目的なのです。

鎌田's Talk

消防自動車を製造しているある会社の社長は、「消防自動車は子どもたちの夢を形にしたもの。その夢を絶対に壊さないよう、強さと優しさを兼ね備えた消防自動車を製造することに誇りを持って徹底的にこだわっている」とおっしゃっていました。そのために、これでもかというくらい教育・訓練等の人材育成を徹底し、すべてのパーツ1つひとつに納期と担当者を決め、それを黒板に書いて責任を可視化し、リンゲルマン効果（集団になるほど手抜きをする現象）が発生しないようにしているそうです。

まずは多くのことから始めるのではなく、「今はここが一番大事」という絶対に譲れない組織の軸（＝物差し）を誰かが覚悟を決めて設定してみましょう。軸は信用や信頼につながり、時には闘う武器にもなり、最後には自分の心の支えになります。

第2章

ドンと構える

> 不安や緊張を
> 受け入れ
> 胆力を鍛え
> ドンと構えて
> やるべきことをやる

緊張して舞い上がる状態における
モチベーションコントロール

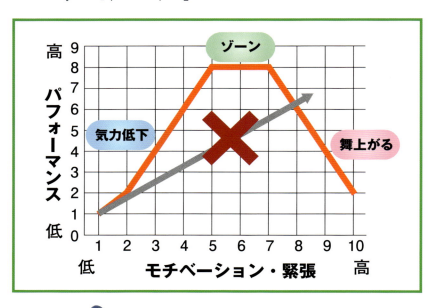

POINT
理想的な心理状態は
適度な緊張から

　スポーツ心理学の世界に「逆U字理論」というものがあります。緊張と運動成績のバランスを曲線で表すと、線の形が英語の「U」の字を逆さにした形になることから名づけられた理論です。上の図がその逆U字理論を表したもので、緊張や不安は低すぎても高すぎてもダメで、心と体の集中力が最も高まる状態（ゾーンという極限の集中状態に入るために、フローという、今、好きなことに少し高いレベルで没頭している状態を保つこと）はバランスのとれた緊張状態にあることを示しています。最近では心の緊張が高く、体の緊張が低いバランスのときにパフォーマンスが高められるという「カタストロフィー理論」が主流ですが、「逆U字理論」は消防の世界にはとてもあてはまりやすい理論で、現場や訓練の場で活かされています。理想的な心理状態であるゾーン（フロー状態）では極度に集中することができ、やることすべてがうまくいく状態です。消防的には、火事場の馬鹿力を出せる状態がゾーンということになります。

緊張はおさえることができるか？
　周囲の期待を過度に受け止めてしまう人は、緊張が増幅して重くのしかかってしまい、身体がうまく動きません。緊張をおさえるには、理論的には期待の受け取り方を変換して小さくして楽に感じる、あるいは受け止める器を大きくして期待を小さく軽く感じる、という考え方もあります。不安や緊張を1つひとつ紙に書き出してクシャッと丸めて捨ててもいいでしょう。一歩進んで、書き出した内容に対して1つひとつできる対処法まで考えれば安心につながりま

す。試験勉強の傾向と対策のようなイメージです。

　大事なのは「緊張している」「焦っている」「恥ずかしい」といった自分の感情にフタをしないで、まずは自分の感情と向き合ってみること。そして「緊張したからこそできた！」とか「焦っていたからこそできた！」「恥ずかしかったからこそできた！」という小さな成功体験を積み重ねることも大切です。

攻めの心理と守りの心理のバランスをとる

　基本的に緊張とパフォーマンスは正比例しません。消防にとって理想的なゾーンと呼ばれる〈攻めの心理〉と〈守りの心理〉のバランスの割合は7：3です。とくに災害出場時や訓練本番直前は興奮してアドレナリンの分泌が止まらないので、「冷静に燃える」ことができるよう、いかにブレーキ（抑制）コントロールを行うことができるかどうかがパフォーマンスの分かれ目になってきます。

　個人差はありますが、攻めの心理と守りの心理のバランスについては以下の表が1つの目安となります。

POINT
攻めと守りの割合は「7：3」

7割	3割
攻め	守り
興奮	不安
ポジティブ	ネガティブ
アクセル	ブレーキ

　人には前向きな人と後ろ向きな人がいますが、これは自尊感情（自尊心＝自分自身を肯定的に感じること）に左右されます。米心理学者ジェームズ氏は自尊感情を下のような公式で表しています。

$$自尊感情 = \frac{成功}{願望}$$

　つまり、自尊感情は願ったものがどの程度うまくいくかで表わされるもので、願望が強い人ほど失敗したときに自尊感情が低くなり、願望が弱ければ失敗しても自尊感情にあまり影響がありません。

　では、自尊心が高い人と低い人では、どのような違いがあるのでしょうか。

自尊心が高い人
- 自分に価値観を見出すことができるので、楽観的に物事を考えることができる。
- 攻めと守りが7：3の状態に近いので前向きな気持ちで攻めの行動が起こせる（精神的優位に立っている）。
- 自分の気持ちを開示しやすく（心理学でいうペルソナ＝役割性格という心のフタを開けやすいこと）、周囲からの助言も受けやすいので成長が加速する。

> **自尊心が低い人**
> ● 悲観的に物事を考えてしまう。
> ● 攻めと守りが３：７の状態に近く、様々なリスクが巨大化するためにメンタルブロックされ、「不安・怒り・恐れ」というマイナス感情がコントロールできなくなっていく。
> ● 心に傷がつかないよう自分の気持ちを開示できない（心理学でいうペルソナ＝役割性格という心のフタを閉めたまま）ので、本音はこうだけど自分はこうでなければいけないという固定観念に捉われ、ますます自分の感情の扱い方が苦手になっていく。
> ● 自分自身のことを好きになれない人も多い。

　緊張や不安は悪いことではありません。さらに興奮を感じているのは今、幾多の困難や挫折を乗り越えても目の前のことから逃げ出さずに、本気でここに立っているからこそ感じられる特権なのです。もうそれだけで十分ではないですか？

　あとはフォローしてくれる仲間や応援してくれる家族等に感謝し、最後は自分を信じて任務を全うするだけです。

あがり症を克服するには？

　例えは変わりますが、人前に出てあがるというのは、一時的に自己の存在に対する自信、すなわち存在感がなくなることをいいます。大勢の人に圧力・プレッシャーを感じて自分の存在感が崩れ、自分自身をコントロールできない状態になっているわけです。

　これは一時的な「交流障がい」と考えると対処法が見えてきます。

　つまり聴衆と交流をすればよいのです。自分の存在感は「何らかのものと交流をしている自分」として無意識に把握できるもの。会場の後ろから登場して空気の流れを自分でコントロールしたり、前に座っている人と目を合わせ、小さな声で「よろしく！」と会話するのもいいでしょう。誰もが知るベテラン漫才師が、導入として会場に来ているお客様の洋服のブランド話から始めて交流を図っている「つかみ」は、お客様の心をつかむだけではなく、自分の存在感をつかんで確認しているのかもしれません。

> **POINT**
> 緊張や不安は本気度の証
> 素直に受け入れる

> **POINT**
> 人前であがったときには、
> 聴衆と交流する

第2章 **ドンと構える**

NOW&HERE（今ここに集中）

日常の中で何か重大なトラブルが発生したと仮定します。すると心理状態はどのようになるのでしょうか？ たいていの場合、その後に起こるネガティブなことを瞬時に想像（イメージ）し、頭の中での処理が追いつかず興奮や緊張で軽いパニック状態になり、自分をコントロールできず舞い上がってしまうでしょう。そんな経験はありませんか？

普段の訓練でも自分ではコントロールできない結果にはあまりフォーカスせず、いつもどおり目の前のやるべきことに集中することが重要なのですが、思うようにいかない時もあるのです。

二足歩行する人の重心は、へそから数センチ下の位置にあると言われています。いわゆる丹田です。肚に力を入れて…というのはここに力を入れることで、筋肉でいえば内臓を守っている「腹横筋」というインナーマッスルあたりになります。

しかし、舞い上がる状態とは本当の重心ではなく、意識の中の重心が定位置から頭の方向に上がってしまうことで、頭の中が過剰に反応し真っ白になる状態を指します。さらに悪いことに重心（頭）から一番遠い足元に力が入らず、ガクガクしたり震えが自分自身で止められないことも…

野球界の超一流プレーヤーであるイチロー選手でさえも、久しぶりにスタメン出場した時は「足がフワフワしていた」とコメントしたりするのですから、緊張というのはやっかいなものです。

一発勝負は今やるべきことに集中する

適度な緊張は問題にはなりませんが、過度な場合はどのように対処したらよいのでしょうか？

全国消防救助技術大会や災害出場等、訓練でなく本番はアウェーで行われることが多いので「地に足が着いていない状態」になりやすいといえます。当て字ですが「お地着かない（おちつかない）」とでも言ったらいいでしょうか？

ホームのようにどっしりと構えるには「お地着く」つまり「地に足が着いている状態」が望ましいのです。砂時計をイメージしてください。同じ重さでも上側に砂がある場合と下側にある場合は違いますね。どちらがアウェーでどちらがホームの状態でしょうか。

全国消防救助技術大会などの一発勝負では、会

POINT
上がった重心を下げる
地面を両足の指先で踏ん張る

勝つかどうかの心配よりも、今やるべきことに集中！

POINT
一発勝負やアウェーでは
NOW&HEREに
フォーカスする

場の広さ・雰囲気・施設等初めてみるものに意識が奪われてしまい、「いつも通りいつも通り」と自分自身に言い聞かせても何となく心ここにあらず。目も若干泳いでいるようなことはありませんか。ホームである署所で訓練しているときは今やるべき訓練に100%集中できているのに、アウェーではどうしても視覚から入ってくる周囲の情報にまどわされてしまい、さらに普段の訓練にはいない大勢の観客の視線も気になって…これはアウェーの洗礼の1つなんです。

そのような状況下で、自己ベストを出そうとか、優勝しようとか、逆に失敗したらどうしようとか、心配しても仕方がないことに余計なエネルギーをすり減らすのはもったいないので、勝つかどうかの結果よりも闘い方の質にこだわるべきです。今できること、目の前のことにフォーカスし、1つひとつの行動を丁寧にやることが大切なのです。周りばかり見ていると、一番大事なことがぼやけてしまいます。まさに今ここ、NOW&HERE なのです。

大規模災害時でも同じことが言えます。先の見えない活動が続くときも全体を見過ぎず、細かく任務を分けて回数や時間や日数を目標に活動していくようにします。それによって「何もできなかった」と感じるか、「自分なりにできることはやった」と感じるか、無力感に大きな差が出てきます。

Let's TRY!
訓練開始
直前にできる
呼吸ブレイク

自律神経のうち唯一コントロールできるのが呼吸です

① 一度ゆっくり目をつぶり、意図的に視覚からの情報を遮断する

② 次にゆっくりとお腹を凹ます腹式呼吸を繰り返し、呼吸に意識を集中させる
（過緊張で交感神経が優位な胸式呼吸の状態から自律神経のバランスが改善され、筋肉も弛緩する。上に上がってしまった砂時計の砂が腹式呼吸をする度に下にどんどん落ちて重心が下がっていくのをイメージをしながら数回行う。可能であれば丹田を通り越して足元に意識が行くまで続ける）

③ ある程度集中できたらゆっくりと目を開き、目の前にある資機材等を見る

④ 周囲の雑音は聞こえているが目の前の資機材等にピントが合っているような感覚

⑤ コントロールできない結果などにフォーカスせず、今自分がやるべき行動に集中！

⑥ その場に立っていることに感謝し、自分を信じこの瞬間を精一杯表現するつもりで！

⑦ 足の指先に力が入り、地面をぎゅっと指先で掴む感覚が戻れば大丈夫。いざ出陣！

第2章 **ドンと構える**

胆力がある人のメンタル

危機管理に携わる人の教育では、いつの時代も「軍隊式トレーニングで胆力を鍛える」という教育が必要とされてきました。私自身も何度か軍隊式トレーニングモデルを依頼された経験があります。

過去の大規模災害や歴史的大転換期に重大な判断や決断を下した人物に対しては、イチかバチかで運が良かったとは決して言いません。彼らは「胆力がある人」と表現されることが多いのですが、「胆力」とは一体どういうメンタルのことなのでしょうか。ここで少し整理してみます。

横に寝た状態からは、お腹に力を入れないと絶対に立ち上がれないように、何事も肚が基本です。肚を据えるとは、一度覚悟を決めたら他の力では動かされないこと、不動であることを意味します。（不動心とは…動揺することのない、ゆるぎない精神のこと）

> POINT
> 覚悟を決めたら
> 動かされない不動心

このようなメンタルは一朝一夕には身につけられませんが、軍隊式トレーニングで常に姿勢を正した行進や命令に対する反応（闘いと闘いの間で行われるもので、勇気・自信・決断力を育てる）をやり通すことによって心を1つにします。勇敢に見えるような姿形や振る舞いを身につけ、恐怖を克服するうえでも行進という集団行動は非常に重要です。

また、修行の一環で行われる坐禅の世界では、足がしびれようが背中や腰が痛くなろうが、一度決めた姿勢を崩すことはできません。鼻水が垂れてきてもススルことは絶対にできないのです。何事にも動揺せず、ありのままをすべて受け入れて、下腹部にある丹田辺りで肚をドンと据えた構えをひたすら維持し続けるそうです。

> POINT
> 楽な方を選択しない

もう少し身近な日常生活に落とし込んで考えると、判断や決断に迷ったとき、常に楽な方を選択しないことで胆力が鍛えられます。ちゃんとした姿勢で座り続けたり、立ち続けたり、歩き続けたりする。誰かがやらなければならないことは、人に言う前に自分がやり続ける。そういう小さなことをあたりまえのこととして、とにかくやり続けることで胆力は鍛えられていきます。

胆力の胆は心の土台と軸とのかみ合わせでもあり、「何苦礎（なにくそ＝何事も苦しみを持って礎とする）」と奥歯を強く噛みしめてでも決めたことをやり切るメンタルです。有事の際には、その人の生き方そのものが現れ、結果に繋がるのです。

胆力 とは

膽が語源＝はだぬぐという意味
自分の本心に向き合い、決断と勇気をつかさどること
五臓六腑　腑＝精・気・血を動かす働き
不動力（動じない精神や底力）
物事を恐れたり気おくれしたりしない気力。度胸

胆力がある人 とは

胆力があるというのは、極めて危機的な状況に陥ったときに、**浮き足立たず、恐怖心を持たず、焦りもしないこと。**
どんなに破局的な事態においても、限定的には自分のロジックが通る場所があると信じて、そこを手がかりにして、怒りもせず、絶望もせず、じわじわと手をつけていく。とんでもなく不条理な状況の中でもむりやりに条理を通していく。胆力とはそういう心がまえがあること。
つまり「**最後まで諦めず冷静に闘う**」ことができるかどうか。**精神力No.1が生き残る**のである。

胆力があるリーダー とは

① **客観的にモノを見る目**がある
② **即断即決**する
③ **論理的に考える**
④ **身の丈**を知っている
⑤ **主役は部下**と考える
⑥ 世のため人のための**文化を組織に埋め込む**
⑦ **顔が見える、生きたリーダー**である

定期的にお墓参りに行く理由

　私は小さい頃、お墓にいるたくさんの虫が好きで、親と一緒にお墓参りに行っていました。もう少し大きくなるとお墓自体に少し興味がわいて、多くの墓石を見て回りました。学生の頃は少しやんちゃになり、お墓参りへ行くことに距離をおいた時期もありました。社会人になってからは当直明けに自転車で立ち寄るくらい頻繁に行っていました。今現在は、本家の長男ということもありますが、家族で定期的に近況報告に行っています。

　お墓には多くのご先祖様が眠っていますが、とくに会いに行くのは父親です。お天道様はどこからでも見ているので嘘はつけません。全てお見通しです。それと同じように父親も上から見ていると信じているんです。

　お墓参りをするのは、自分が夢に向かってまっすぐ生きているかどうか物差しで測られることでもあると思っていますので、心の中で「ふだんの姿を見て計り（天秤）にかけてください。どうぞお計らいください」と言葉をかけています。いくら神社等で願懸けをしても、今の自分に相応しい結果しかやってきませんから。

　もう1つの大切な理由は、定期的にお墓参りに行くことで「お天道様のように父親から全て見られている意識」が継続されるからです。また、携帯の待ち受け画面やお財布の中に守りたい大切な家族や大切なモノの写真があったりすると、万が一、何か良くない行動を起こそうとしたとしても、「ハッと」気がついて心のブレーキがかかり、結果的に不祥事防止にも繋がるのではないでしょうか。「見られている＆守りたい」この2つの力で自分自身を律することができるのです。

　そして最後の理由が、今、生きていることに感謝するためです。

メンタルポイント

- 命にかかわる仕事だからこそ、お墓参りは今と過去を大切に振り返る儀式
- 常にすべて上から見られている「どうぞお計らいください」という意識
- 当事者として名を汚さないよう、心にブレーキをかける最後の砦であるという意識
- 守りたい大切な家族や大切なモノの写真等を携帯していくことで救われる想い

消防は縦社会？それとも横社会？
（心を縦にも横にも整える）

消防が縦社会か横社会かと問われれば、皆さんは一様に縦社会と答えるでしょう。もしくは超縦社会でしょうか？

では、それは良いことか？悪いことか？という質問にはいかがでしょうか？

ここでは多角的に捉えてみましょう。木で例えると根幹と枝葉はどちらが縦でどちらが横でしょうか？　どちらが多いか少ないか？　さらにどちらが大切でしょうか？　集団でディベートしながら考えていくと面白いかもしれません。

ビジネスの世界では、時代が変わっても変えてはいけない理念や伝統などの「不変の縦糸（縦軸）」と、時代に合わせて変えなければいけない仕掛けや挑戦などの「可変の横糸（横軸）」という考え方もあります。

漢字もイメージしてください。縦画と横画はどちらが多いでしょうか？　ではどちらが太いでしょうか？　最後にどちらを書くのが難しいでしょうか？

自然界の摂理は縦を重んじます。人間のつくった文化も同様ですが、縦社会だからといって超縦社会にならないよう、要は縦横のバランスが大切だということです。上記3つの木・糸・漢字も横無しでは成り立ちません。

ここで本題に戻りますが、都道府県消防学校の初任科で教育するのは基礎の基礎であり、卒業して所属に配属されたら1ヶ月程度は各消防本部の隠れた土台となる1番大切な根の部分（強み）をしっかり教育することが必要です。しかし、そもそも自分が所属する本部の強みを全職員が把握しているでしょうか？　その次に各消防本部が何時までに何を目指して何処に向かっているのか幹の部分（目的・目標や方向性）をしっかり教育することが必要なのです。

つまり、根幹という2つの土台を叩き込んだ上で枝葉の部分を慌てずゆっくり横に成長させ、たくさんの果実（目標達成）を実らせていくことで、謙虚に頭を垂れ、良い種をまきながら組織は繁栄していくのです。

消防は階級による縦が強みですが、社会性という意味では少し横が弱いかもしれません。即戦力を求めすぎて指導や教育訓練を急いではいけません。まずはお互いの人間関係の第一ボタンをしっかりと丁寧にかけることで、早い段階で相互理解ができ、より質の高い人材育成が行えるのです。

> **POINT**
> 縦と横、バランスが大切

> **POINT**
> 縦社会の消防は
> 横軸の社会性の強化を

第2章　**ドンと構える**

坐禅で心の筋トレを！

最近はマインドフルネス瞑想が人気で、書店でも関連書が目立つところに置かれています。一時的なストレス軽減やリラックス効果だけでなく、集中力を高める手法として、脳科学の視点からも継続的な実践による効果が注目されています。

マインドフルネスは、"今、この瞬間の体験に意図的に意識を向け、評価をせずに、とらわれのない状態で、ただ観ること"と定義され、心の働きを観る目的もあるそうです。

一方、昔から馴染みのある坐禅について、建長寺のご住職は「坐禅で得られるものは何もない。坐禅は心のゴミ捨て場、つまり心の断捨離である」とわかりやすくお話しされていました。建長寺は坐禅文化の礎となったお寺で、定期的に坐禅会を行っています。自宅から車で行ける距離にあるので、私も日常を離れ、非日常の中で心を調える贅沢な時間（説明含めて約1時間）を確保するために定期的に通っています。

坐禅の最大のポイントは、心や身体を調える「心の筋トレ」であることです。

坐禅の重要ポイントは次の3つです。

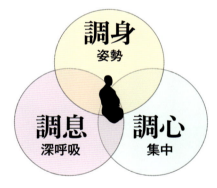

調身

まずは身体の姿勢を調える。坐るときは背筋を伸ばし、足を組む。
こう意識して行うだけでも身体はよい緊張感でいつもと違った悪いクセの状態から解き放たれていく。

調息

ゆっくりと深呼吸をして身体をリラックスさせていく。ゆっくりと吸ってはいてを何度か繰り返して呼吸に集中していくと、おのずと身体はリラックスしていく。

調心

何も考えない、というよりも、むしろ自由に思う感じ。目の前に集中しているととらわれのない心になり、さっきまで気になっていたことも不思議と気にならなくなっていく。

ストレスを感じると無条件で交感神経がやや優位に働き、助間筋を主に使う胸式呼吸になりやすいのです。そこで、坐禅により横隔膜を主に使う腹式呼吸を続けると内臓マッサージをしている感覚になり、副交感神経がやや優位となってリラックスできます。消防は静と動の仕事だからこそ、あえて静の時間を意図的に作るのも必要です。時間がなかったり、坐禅ができる場所が近くにない方は、手軽に実践できる「椅子坐禅」等もおススメです。

Let's TRY!

椅子坐禅

数息観＝息を観じ、鼻からゆっくり吸い込み、口から静かに吐き出す

目は半眼（前方1m＝約45度）

両手は卵の形に軽く組み、太腿の上に乗せ、腹につける

坐禅中は、鼻からの意識的呼吸（腹式呼吸）に集中する。
※雑念が入った場合は、そのままにして扱わないこと。

両足は肩幅で揃えて床につける

第3章

いざというときは勇敢に闘え

大火のなかでも
豪雨のなかでも
消防は
ためらうことなく
勇敢に闘う

メンタル・タフネス「闘うエネルギー」

心理的エネルギーとストレスや危機への反応

高エネルギー

ハイ・ポジティブ
筋肉の緊張がなく、エネルギーがある
チャレンジ(挑戦)反応
- 成し遂げるだけの方法を見つける
- それがダメでも別の方法がある

ハイ・ネガティブ
筋肉が緊張していてエネルギーがある
怒る/なげやりな反応　萎縮反応
- 動揺している　●不安/怒りっぽい
- フラストレーションがある

楽しい ← → 楽しくない

ロー・ポジティブ
筋肉の緊張も、エネルギーもない
逃避反応
- そのうち楽になるだろう
（他人任せ/自主性がない）
気乗りしない/不熱心な反応
- いつも言い訳をする

ロー・ネガティブ
筋肉が緊張していてエネルギーがない
放棄し、あきらめる反応
- 自分にはできない
- 無抵抗で引き下がる

低エネルギー

出典：『ビジネスマンのためのメンタル・タフネス』(ジム・レーヤー／ピーター・マクラフリン著　高木ゆかり訳　メンタル・タフネス・サイエンス協会監修　CCCメディアハウス刊)

　この表は、メンタル・タフネスで有名な元プロテニスプレーヤーであるジム・レーヤー博士が書かれたもので、ストレスや危機にさらされたとき(消防にたとえれば災害出場したとき)、どのような心理的エネルギーを持っていれば乗り越えられるかを表したものです。

　一番望ましい状態は、左上の「ハイ・ポジティブ」で、常に緊張せず、自然体の状態で食事、睡眠、運動、呼吸もしっかりとコントロールできているので、人生が楽しく、エネルギーに満ち溢れている状態です。

　挑戦するエネルギーがあるからこそ、思考も前向き(ポジティブ)になり、闘うファイヤーファイターとして最後まで諦めない集団がこのエリアに集結しています。

　逆に一番望ましくない状態は、右下の「ロー・ネガティブ」、常に緊張しており、食事、睡眠、運動、呼吸がコントロールできていないため、人生が楽しくなく、エネルギーも低いので何かに挑戦もせず、すぐ諦めてしまう残念な状態です。闘うエネルギーがないので、思考は後向き(ネガティブ)になります。

　どちらが理想的な心と体の状態かは言うまでもありません。

　まずは、自分がこの4つのカテゴリーのどこにあてはまるかを判断して

第3章　いざという時は勇敢に闘え

ください。そのために自分の行動習慣や考え方のくせなど、思いついたことから紙に書き出してみましょう。自分のネガティブ思考に気づいたら思考、食事、睡眠、運動、呼吸などを見直し、口癖を変えてみる、ジャンクフードを控える、睡眠の質を高めるために寝る直前の携帯電話操作を控える、たまには有酸素や無酸素の運動をする、屋外で朝のラジオ体操を行い最初と最後にしっかり深呼吸するなど、小さいことからでいいので、1つでも上を目指し継続して行うことを心がけてみましょう。

　数年後に振り返ったとき、今よりもきっと活き活きと仕事をしている自分を発見するはずです。

メンタルポイント

- ストレスは敵ではない。ストレスで強くなる
- 災害と闘うファイヤーファイターは、トップアスリートと同じ思考である
- 感情がすべての根源で、柔軟性・反応力・強靭性・弾力性が精神と肉体に宿る
- 自分の弱さから逃げずに挑戦して闘うことで勇気という能力が引き出される

鎌田's Talk

鎌田が好きな老子のことば

人は生まれたとき、柔らかく、弱い。だが死ぬときは、固く、硬直している。
植物は柔らかく、樹液に満たされている。
だが、死ぬときはしなびて、乾いている。
だから、硬直し、たわまないのは死の使者である。
柔らかく、たわむのは生の使者である。
したがって、柔軟性のない軍隊は決して勝つことがない。
たわむことを知らない木は、すぐに折れてしまう。

〜老子〜

世界で闘うエネルギッシュな恩師
＝運動・食事・睡眠・呼吸

　メンターとは仕事や人生におけるよき指導者・助言者のことです。皆さんにメンターと呼べる人はいますか？

　私のメンターの1人に、元消防学校體育教官の恩師がいます。初対面は24年前。そのときから強烈なキャラクターをお持ちで、私の人生に多大な影響を与えてくださった人生のロールモデルでもあります。オリンピックカヌー競技の元日本代表選手でもあり、80歳を過ぎた今も現役バリバリ。ご本人は「最期は三途の川をカヌーで渡る！」と豪語していますが、本当に渡り切って何度も何度もこの世に戻ってきそうな無限のエネルギーとオーラに満ち溢れた方です。

　その恩師のすごいところは、出会ったころから今まで、いつも将来の夢を語り続けてきたことです。そして、その多くが実現してしまうのです。夢を語るときの表情はとっても楽しそうで、私まで幸せな気持ちになってしまいます。

　では、エネルギッシュで人生を楽しんでいる恩師のような方は、一体どのような生活をしているのでしょうか。私の身近には他にも75歳を過ぎて今なお現役で活躍されている2人の恩師がいますが、この3人には共通していることがありました。そしてそれは、いずれもメンタルヘルス不調対策の重要な要素としてあげられているものだったのです。やっぱり恩師はすごい人たちです。

運　　動

　1つ目は運動です。決してやらされているのではなく、能動的に身体に刺激を与えることを、優先順位の1番に考えています。起きるのは早朝4時か5時頃。すぐに30分程度集中して適度な運動（一般人にとってはハードな内容かもしれません）を毎日継続しています。

　恩師の1人は40年以上体型が変わらず、スーツのサイズもずっと同じだそうです。

朝陽を浴びて運動をする

食　　事

　2つ目は食事です。基本的に好き嫌いはなく、何でも良く噛んで美味しそうに召し上がります。メニューは栄養バランスのいい和食中心。恩師の1人の朝食は1つのどんぶりの中に世の中に存在しているであろうあらゆるネバネバ食材がこれでもかというくらい入っています。

　恩師の1人が消防学校に表敬訪問された際に昼食をご一緒させていただいたのですが、焼いたサンマのシッポを摘みあげ、頭から一気に口へ入れ、大道芸人のようにムシャムシャと食べ始め、というより飲み込

第3章　いざという時は勇敢に闘え

始めたのです。

周りで見ていた学生たちはあっけにとられて静まり返り、全てを飲み込み終えた時には、「マジかよ」…

そこに恩師の一言。「頭から喰えば骨が喉に刺さることはないのじゃ。のぅ鎌田」

強烈すぎる教育でした。

青魚を丸ごと食べる

睡　眠

3つ目はメンタルヘルス不調に最も影響を及ぼす睡眠です。

日本オリンピック委員会の調査では、アスリートの睡眠時間は8時間強、一般人は7時間強。この1時間の差が大きいのです。消防学校もスケジュール的には8時間、イチロー選手も現役生活を長く続けるために最も気をつけていることの1つに「寝ること」を挙げています。

恩師は眠りの質にもこだわるため、ふだんはほとんど飲酒もせず、夜の8時か9時には深い眠りにつきます。

眠りの前半はノンレム睡眠（脳と体の休息中で記憶の取捨選択＝精神的ストレス消去）、眠りの後半はレム睡眠（体の休息中＝筋肉弛緩＝夢見る＝付箋で整理・記憶の固定＝競技能力定着）となっていくそうです。

質のよい睡眠を確保しているからこそ、夢を見て夢を語り続けられるのかもしれません。

早寝早起きと、質のいい睡眠

偉大なる3人の恩師のメンタルは、こんなところに感じられます。

- 自分なりの哲学や美学を持ち、人が見ていない所でも習慣として継続している。
- 筋肉も精神も負荷を与えないと強くならないので、与え続けて成長を止めない。
- 鍛えることは人間だけに許された行為（特権）だからこそ自分を鍛え続けている。
- 自分のルーツである親を含めて過去も今も自分自身も大切にしている。
- 常に闘う武器である戦闘服（運動できる服）を着ている。

3人に共通する早起きは、三文の徳どころではありません。朝は脳にあるストレスコップがカラに近いので、エネルギーチャージするにはまさに絶好の「ゴールデンタイム」。新鮮な朝陽を浴び、日の出タイムにしか現れない「朝陽のバージンロード」の先には明るい未来が待っています。

日の出は前向きなメンタルを作り上げるのに相応しい時間だったのです。

では、海岸の砂浜にいると想定して、エネルギーチャージをイメージトレーニングしてみましょう！

①目の前にある大きな黒い壁（困難という心の闇）が徐々に照らされ明るくなる
↓
②暗いうちは足元を見ていたが、日の出とともに顔の角度が徐々に上向きになる。
↓
③自分は一体何処に向かうのか？ という明確な目標（太陽）が目の前に現れてくる。
↓
④朝陽を全身に浴びることで自分も周りも少しずつ温かくなっていく。
↓
⑤波の音が繰り返し繰り返し心地よく、全身を洗い清めるように深くしみわたる。
↓
⑥明確な目標から逆算思考のバージンロードが自分の足元まで開けてくる。
↓
⑦道しるべをたよりに徐々に前に進めそうな自分がいる。
↓
⑧先が見えてきた安堵感により、筋肉が弛緩し、砂浜に寝ころびたくなるので、安定した大地に身を任せる。
↓
⑨開放的な上空を見上げながらゆっくりとゆったりと深呼吸を繰り返す。
↓
⑩ハイ・ポジティブな闘う「ファイヤーファイター」へエネルギーが充電される！

日の出とともにバージンロードが開けてくる。

第3章 いざという時は勇敢に闘え

達人に学ぶ アウェーで闘うためのメンタル①

日の丸を背負って南極地域観測隊として活動

第58次日本南極地域観測隊 越冬隊 環境保全担当　**葛西　尚**
旭川市消防本部（休職中）　元北海道消防学校教官

旭川市消防本部総務課主査の葛西尚氏。現在は休職して第58次日本南極地域観測隊として活動する。

自分の姿勢ひとつで消防の価値が変わる
総務課主査として

　旭川市消防本部への入庁は平成4年4月。これまで消防隊はもちろんのこと、救急隊、救助隊、さらには消防車両の整備部門にも配属されています。現在は総務課総務・企画担当に配置されており、担当するのは消防本部の予算や市議会関係、近隣市町村の消防本部との業務調整や行事等の参加、親睦を深める仕事が主です。

　予算要望・編成は消防本部の来季の運営に係る大切なものですから、十分に吟味し「必要なものには予算を、不必要なものは削減」など費用対効果を最大限に考慮しメリハリのあるものにする必要があります。

　市民からの要望については、市民の代表である市議会議員からの質問というかたちでくることもあるし、要望のある方が直接来庁されることもあります。消防に対して意見をいただけるのはたいへんありがたく、また市民からの消防に対する期待のあらわれでもありますから、どんな小さな意見でも決しておろそかにせず、しっかりと聞いて対応します。それにはコミュニケーション力が重要で、「話すときにしっかり相手の目を見る」、「返事やお礼の言葉を必ず伝える」ことを心がけています。簡単なことかもしれませんが、そういうことが消防の印象を左右します。自分の姿勢ひとつで消防の評価が変わるのですから、丁寧に対応していくのも総務課主査である私の役目です。それが消防に対しての信頼向上に繋がっていくものと思っています。

退職まで耐えることのできるメンタルの醸成
消防学校教官時代

　平成24年4月から平成26年3月までの2年間、北海道消防学校に教官派遣されていました。「消防学校への派遣を考えてみてくれ」と上司から打診されたのは平

成23年度の中盤頃でした。熟慮した結果、消防官になって20年の節目でもあり、また積極性こそ成長の原動力と考え「是非やらせてください」と回答しました。

人を教育するなんてそれまで考えたこともやったこともありませんでしたから、ゼロからのスタートです。消防官を育てるという崇高な使命を課せられ、「どのような方法で教育するか」「どのような人材を育てるか」深く悩みました。

北海道の消防本部には一町一村一支署体制が多くみられます。一度入庁すると退職までほとんど異動しない組織が多いのです。そうした実態を鑑み、私が力を入れたのは「退職まで耐えることのできるメンタルの醸成」です。消防には親と同じくらいの年齢の上司もいれば、自分の兄弟に近い世代もいます。消防学校を卒業すれば、そんな中で一緒に仕事をし、食事を摂り、仮眠をとるなど1日24時間を共にすることになります。新人にとっては今までにはない体験です。もちろん人ですから苦手な人も合わない人もいるでしょう。しかし、消防はチームですから、採用されたからには一緒にやっていかなくてはなりません。

そこで、私は「威圧的で口では絶対負けない」昔ながらの教官を演じることを心に決めました。要は嫌われ役です。学生が自分の消防本部に帰って壁にぶつかったり、にっちもさっちもいかなくなったとき、「消防学校の葛西教官といた時よりはマシだ」と思ってくれればしめたものです。消防学校初任教育での半年で教育できることはたかが知れています。あとは自分の自治体に帰ってから学ぶしかありません。であれば、まず心を、ハートを強くしなければ、と思ったのです。初任教育の期間中、私は学生の前では一度も笑いませんでした。一緒によき相談相手・よき先輩として優しく接する方法もあったのですが、あえて初心を貫きました。教官室では突然泣き出したり、口ごもってしまう学生もいましたが、半年後の卒業式で彼らの成長した姿を見たときの感動は今でも忘れられません。お陰様で、同じ旭川市消防本部から初任教育に入校していた学生（職員）は、卒業して所属に戻ってからも私に口をきいてくれません。さぞ嫌われているのでしょう（笑）。

2年間の教官生活で約700人の学生と接し、教育においては「最短距離は常に直線ではない」ことがわかりました。遠回りしてもその人に合った教育指導方法が必ずあるとわかっただけでも、2年間は有意義だったと思います。

来た時より美しく
日本南極地域観測隊の仕事

現在、私は自己啓発休業制度を利用して、第58次日本南極地域観測隊の一員として参加しています。平成28年7月、最初は東京都立川市にある国立極地研究所南極観測センターに派遣され、南極へ行くための準備期間として約5ヶ月間、担当業務の研修や使用する機器の取扱訓練、必要物資の調達・購入等を行いまし

南極に到着。交替する第57次隊が手作りの横断幕で出迎える。

第3章　いざという時は勇敢に闘え

応援の寄せ書きがぎっしり書き込まれた日の丸とともに南極に。

た。11月下旬からはいよいよ南極昭和基地での活動が始まり、平成30年3月まで活動する計画です。

南極観測隊は昭和31年の第1次隊を皮切りに長い歴史と実績があります。

観測隊員の内訳は、観測系（気象、宙空、生物等の調査）、設営系（車両整備、建築、電気、環境保全等）に大きく分かれ、我々設営系は、観測系隊員の強力な後方支援として良い研究成果が出せるように、さらには日本と同じような生活ができるように日々努めています。

現地で担当する業務は環境保全で、基地内の上下水の設備管理や排出される廃棄物管理、また基地のあるオングル島内に残置されている大型廃棄物等の日本への持ち帰り等で、隊員が気持ちよく生活できるように生活環境を整えるのが私の業務で「来た時より美しく」が目標です。

南極地域での環境保護・保全に関しては、世界53ヶ国の間で「環境保護に関する南極条約議定書」（以下、議定書）が締結されており、非常に厳しい環境保護・保全が義務づけられていますが、日本国内でも環境保護・保全に対する意識は高まっています。昭和基地では汚水を魚等が十分生きることができるくらいまで浄化して、それから海に流していましたが、さらに、昨年から最新鋭の汚水処理装置を稼働させています。

日本の各自治体でも廃棄物を分別して処理する体制ができていますが、昭和基地での分別はさらに細かく、かつ減容（圧縮して容積を小さくすること）して日本に持ち帰ります。平成10年に議定書が発効される以前

から、日本は世界のあらゆる基地に先駆けて厳しい基準を自らの基地に課し環境への配慮をしております。

志の高い方々と厳しい条件下で活動したい一心で
私が挑戦した理由

小学校に入学するとき、両親が地球儀を買ってくれました。その地球儀の底の大陸だけがなぜか白く不思議に思いました。そのとき南極という存在を初めて知ったのです。そのときには、後に自分が南極に行くことになるなどとは知るよしもありませんでした。

初めて南極に行きたいと思ったのは、平成20年に国立極地研究所のホームページで第51次日本南極地域観測隊員の公募を知ったときです。日本国の国旗と国民の負託を胸に志の高い方々と厳しい条件下にて活動したいという気持ちが芽生えました。しかし、まだ極地活動での準備ができていませんからすぐ応募ということにはならず、必要であると思われる資格取得や山岳での活動、講義に参加し、自分で可能な限りの準備を整えながら機が熟すのを待っていました。その間、平成24年から2年間、北海道消防学校に教官として派遣されることが決定して次の応募のタイミングを逃し、2年後に地元に戻り公募のタイミングをうかがっておりました。

平成27年11月、自己啓発休業制度を利用し南極に行かせてほしいと消防本部の人事担当者に願い出たところ、了解を得られ南極観測隊への採用願書の提出となりました。家族を含め同僚、上司、友人等、私に関係

のあるすべての方が私の応援団となり背中を押してくれました。それだけではありません。旭川市消防本部の代表として、いや日本の消防職員16万人の代表として、アクセルベタ踏みでここ地球南端の地「南極」で期待にこたえなくてはならないと思っています。

南極はいつでも死ねる場所
本来業務以外に南極でやるべきこと

日本で行われた事前の講義で、何度も「南極はいつでも死ねる場所」という言葉を耳にしました。ここ南極の自然環境の厳しさは凄まじいものがあります。厳冬期には氷点下40度以下にもなりますし、ブリザードが到来し外出禁止令が発令されますと何日も基地から出られなくなります。過去にはブリザード到来中にロストポジションとなった隊員が死亡して発見されるという痛ましい事案もありました。

また乾燥が激しく「氷の砂漠」と言われます。日本でも乾燥する時期に火災予防運動を実施し火災予防の啓発をしますが、ここ南極では1年中火災予防運動期間中です。事故事例集には過去に発生した火災やぼや事案が収められており、生きた教訓として隊員に伝えられています。火災想定消防訓練も毎月実施しており、火災想定場所についてはブラインド方式でその都度変えられます。

消防官である私がこの南極でやりたいことのひとつが、「安全管理」を隊員に周知させることです。これは消防で学んだ安全管理で十分対応可能なはずで、ヒヤリハットの低減を図り大きな事故への発展を防止したいと思っています。

もうひとつが、警防体制の見直しや装備品の充実です。管鎗（かんそう）ひとつとっても、もう日本の消防隊では見ることがないような年代ものを使用していますし、消防車はもちろんなく可搬ポンプ1台、口数にあっては二又分水器を利用し最大2口で対応している現状です。南極観測隊員に多い「ヒゲ」も心配です。呼吸器を背負う隊員が顎（あご）ヒゲがあったのでは面体の機密性が保てず不慮の事故の発生が考えられますので、改善が必要です。

こうした基本のところから、1つひとつ良い方に変えていければと思っています。観測隊員は私以外は消防活動に関しては素人です。しかし、有事の際は33人の隊員で災害対応しなくてはなりません。早い時期に火災防ぎょとは何か、知ってもらう必要があると考えています。

ラングホブデで地温観測の支援を行う葛西尚氏（右端）。

自分に常に言い聞かせていることば
「妥協したくないところで妥協するな、まだまだやれるのに疲れたふりをするな」
辛い、苦しい、もうダメだと思ったときにこの言葉を思い出して自分を奮い立たせています。

第3章 いざという時は勇敢に闘え

達人に学ぶ　アウェーで闘うためのメンタル❷

全国セミナーコンテスト2017グランプリ大会出場、異業種700名の前でプレゼン！

愛知県犬山市消防署　大井聖也

全国セミナーコンテスト2017グランプリ大会で、異業種700名の前でプレゼンする大井聖也氏。

国宝犬山城で有名な愛知県犬山市は今でも伝統的な町並みが残る城下町で、多くの観光客が訪れる自然豊かな場所です。犬山市消防署では火災現場や救助現場に出動していますが、一番多い出動はPA連携出動。私はポンプ車に乗って現場出動しております。

■ 非番での取組

私は非番などの余暇を使って、あることに取り組んで参りました。それが、セミナーコンテストです。セミナーコンテストは、自分自身の体験をノウハウに変えて、人を成功や幸せに導くためのセミナーを10分間で発表し、競い合うというものです。開催目的は、「人と社会を輝かすセミナー講師の輩出」で、セミナー講師の初心者のみが対象となっている大会です。たとえば、「流通業界35年のベテランが伝えるコンビニエンスストアヒット商品の開発法」といったビジネスの内容で

あったり、「中学生レベルの英語力でOK！英語コンプレックスにさようなら　切り捨て英語術」といったものであったり、「1日1分でできる！　美脚の作り方」など、実に様々なテーマがあり、発表者もビジネスマンから主婦まで様々な方がいらっしゃいます。私もセミナーを発表し、名古屋大会、そして中部地区大会と連続優勝し、全国大会であるグランプリの舞台で、セミナーを発表することができました。それが以下のセミナーです。

タイトル：子どもが目の前で倒れてすぐ動けますか？「ピンチに対する正しい備え方」

ある日の災害出場で赤ちゃんが心肺停止状態で、その場に居合わせた家族はフリーズ状態でした。

心肺停止状態に陥った場合の社会復帰が完全でない現実をふまえ、バイスタンダーの重要性を現場の立場から切実に訴えました。

挑戦した理由①
意見や価値観の違う友人の生き方に触れたこと

私がセミナーコンテストに参加することになったのは、消防官になってからたくさんの異業種の方々と出会い、その中の一人から紹介されたことがきっかけでした。私は大学時代、意見や価値観の違う友達と接する機会が多くありました。大学2年生のとき、大学の正門付近で「たこ焼き屋を開業する！」といって、地元の食材をそろえるため、市内の企業をまわっていた同期がいました。最初は、なんでこんなことするんだろうと思って不思議に見ていたのですが、その友達はすごく活き活きとしていました。そして、大学の正門前に開いた店は有名な繁盛店になり、新聞やテレビにも取り上げられるほどになったのです。

彼はその後世界一周の旅に出て、訪れる国々でたこ焼きを焼いて世界中の人にふるまうようになっていました。それまでの自分は考えたこともなかった生き方で、価値観の違いに最初は戸惑いましたが、意見や価値観が違う人たちと出会うことは、自分の成長につながると感じていました。

挑戦した理由②
文化の違いに触れたこと

彼の生き方に影響された私は、アメリカに語学留学することにしました。今度は文化の違いにショックを受けました。ホームステイ先に着いたその日、家の周りを散歩していると「こんにちは！ 調子はどう？」と知らないおじさんが、声をかけてきたのです。しかも、とびっきりの笑顔で。カルチャーショックでした。驚きのあまり一礼しながら挨拶を返してしまいました。

留学先ではいろいろな国から来た人たちと出会い、異文化に密接に触れる機会がたくさんありました。バックボーンの違う人たちと接することで、自分の視野はぐっと広がりました。このような経験があったので、社会人になってからもいろいろな人と出会うことに積極的になっていました。

異業種の人たちと交流を重ねると、自分の成長が加速します。なぜなら、出会う人は皆、その道のプロだからです。消防官が消防のプロであるのと同じように、自動車メーカーのプロであったり、広告のプロ、またパソコンのプロなど、その道のプロにたくさん出会うことができます。それぞれの専門家から聞く話はとても面白く、そして学びが多いです。また、自分の業界に所属しているだけだと見えなかった視点を獲得でき、それによって自らの成長が加速するのだと思います。

挑戦した理由③
まずは小さなチャレンジから行動を起こす

消防官になってからは、消防業界以外の人とあまり会わない環境に少し物足りなさを感じていました。そして、消防という仕事は、体力だけではなく幅広く社会のことを勉強していく必要があると感じました。幅広く勉強していくためには、たくさんの人と出会うことが必要ではないか。そう思うに至ったのです。

消防官として、異業種の方たちと交流し、視野を広げていくためには、小さなチャレンジを積み重ねていくことが必要だと思います。たとえば、市役所で開催されるセミナーやイベントにしても、そこに行ってみることは小さなチャレンジだと思うのです。なぜなら、そういったチャレンジをす

バイスタンダーの重要性を現場の立場から切実に訴えた。

第3章　いざという時は勇敢に闘え

る前にはやはり不安な気持ちに襲われます。失敗したらどうしよう、周りの人にどう思われるのだろう、そんなことを考えてしまいます。そんなとき、いつも自分に言い聞かせているのは〈どうせ人生一度きり。命をとられるわけじゃないのだから、どれだけ恥ずかしい思いをしたとしても、やってみよう〉。プライドや意地が邪魔して、自分の可能性を狭めるのはもったいない。やってみて失敗して、それが糧になることで、一度きりの人生が豊かになるのだ。そう言い聞かせて一歩踏み出すようにしています。

■挑戦した理由④
講師等とのご縁がつながるために勇気を振り絞ったこと

消防官になってから、たくさんの出会いにつながるきっかけとなった人がいました。その人は、市役所の研修で来られた講師の方でした。とても有意義で面白い講習をされたので、私は、どうしてもその人とつながりたいと思い、講習の後に名刺交換をしに行ったのです。「とても面白かったです！」そう伝えると、その方はとても喜んでくれて、おすすめのイベントがあるよと言いながらある講演会に誘ってくださったのです。これがきっかけでした。

その講演会の講師は、経営の傾いたホテルの再建を果たした経営者でした。少し肌寒くなってきた10月ごろ、スーツに身を包んで会場へと向かいました。周りはビジネスマンばかり。いかにも仕事ができそうな雰囲気が漂っている方々ばかりでした。私は場違いじゃないのかとすごく不安になりましたが、いざ講演会が始まるとその経営者の考え方に大いに感動し、受付に行って予約をしていなかった講演会後の懇親会への参加を申し込んでいました。ビジネスマンばかりで、消防官にとっては完全にアウェーです。すぐにでも逃げ出したい気持ちを抑えて、勇気を出して懇親会会場に入っていきました。立食パーティーの会場で、一緒のテーブルになった方々と名刺交換をすると、「え！消防士さんですか！珍しいですね」。私の緊張をよそに、消防官について皆さん興味深く質問をしてくださいました。そこで知り合いになった人から今度はイベントやセミナー

2017グランプリ大会出場の出場者。消防官は異色の存在。

を紹介していただき、そこに参加する。それを繰り返していくうちに、どんどんご縁がつながり、今では様々な業界で活躍されている素晴らしい方々と交流させて頂いております。

始まりは、小さなチャレンジ。講師に「面白かった」と伝えることでした。そして、その方にお誘いいただいた講演会に参加するという小さなチャレンジが次にやってきました。その1つひとつの小さなチャレンジを積み重ねていくことで、こんなにも人生が豊かになり、素晴らしい経験ができるのだと実感しました。

■まとめ　千里の道も一歩から

異業種の方々と交流することで、自分の成長は加速します。それは、消防官という特殊な職業であっても同じです。日進月歩するテクノロジーに触れる機会も広がります。視野を広げ、知識を蓄えることで、新たな災害が生まれてくるときも、もしかするとその知識を消防の活動に活かせるかもしれません。多様な考え方を部隊活動に応用できるかもしれません。気づきは山ほどあります。

実はどの業界でも、防災に対する関心は非常に高く、それぞれが抱える課題が違っていたりします。そうした生の声を聞くことは、市民に寄り添ったサービスを展開することにつながります。初めは、小さなチャレンジでした。最後に私の好きな言葉で締めさせていただきたいと思います。

私の好きなことば　「千里の道も一歩から」

モチベーションとテンションをコントロールする

　人に優しく接することが求められる職業の職務ストレスとして知られているのが、燃え尽き症候群（バーンアウト・シンドローム）です。これは仕事熱心な人に多い症例で、今まで普通に仕事をしていたのに、突然やる気を失い、まるで燃え尽きたかのようになってしまうことです。

　燃え尽き症候群の重症度を判定するものに、米社会心理学者マスラック氏が考案したMBIマニュアルがありますが、それによると燃え尽き症候群として次の3つの症状をあげています。

> ① **情緒的消耗感**
> 　（仕事を通じて情緒的に力を出し尽くし、消耗した無感動状態）
> ② **脱人格化**
> 　（対人関係が煩わしくなり、突き放すような態度をとる）
> ③ **個人的達成感の低下**
> 　（やる気を失い、時に休職や離職に向かわせる）
>
> 出典：『面白いほどよくわかる！心理学の本』（渋谷昌三著　東西社刊）

　人間関係の難しい職員がいたら、もしかしたら①や②の状態なのかもしれません。とくにここ20年間ぐらいはOA化が進むなど目まぐるしいスピードで職場環境が変化していますから、変化についていけない人々もいるでしょう。本人にしかわからない苦悩もあります。そうした人に対し、周囲の人は列外者にしたり窓際に追い込むのではなく、理解して受け入れる職場の雰囲気を醸成したいものです。気持ちが救われれば、考え方もネガティブからポジティブに変わっていきますので、存在そのものを認めるストロークを続け、無視したり、無関心になるのだけは絶対に避けましょう。

　近年の傾向では、採用年数が若い職員にファイヤーマン・アパシーという現象も見られます。無気力になる症状をアパシーと言いますが、採用されて消防学校を卒業してから数ヵ月後に意欲を失い、笑顔が消えたり、無気力になったりする状態のことです。現実が、思い描いていた理想通りにならないときに、現実から逃げたいと思う心が起こす「自己防衛反応」の一種です。

　では、モチベーションやテンションをコントロールするためには、どうしたらいいのでしょうか？　まずはそれぞれがどういうものかを理解しましょう。

モチベーション
＝目標を目指した行動、行先の決まったやる気、静かな心理的貯金

　モチベーションには内発的、外発的の2種類があります。
内発的
・結果ではなく自分自身の価値観に基づき、内側から湧き出る挑戦意欲

第3章　いざという時は勇敢に闘え

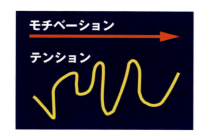

外発的
・外からの刺激によって高まる地位・名誉・報酬など。
モチベーションの特性
・モチベーションは目標の魅力と達成の可能性に左右されます。
・目標を立てずに挑戦して失敗すると、無意味な失敗に感じられます。
・失敗しても、やることが明確でその先が見えていればモチベーションは下がりません。

　役割や責任が明確で自分でコントロールできることが多いときにはモチベーションが高まります。

　ただし、やるべきことに対して自分自身が納得していなければモチベーションは高まりません。

　また、達成感や自己肯定感を常に感じることでモチベーションは維持されますが、目標が高すぎると現実味がないため、モチベーションは上がらないという側面もあります。

テンション

＝気分や気持ちの抑揚、外からの刺激により上下しやすい

　ロープのテンションは張り続けてはいけないのと同様、気持ちのテンションも1年中張ったまま（ハイテンション）だと急に強度が弱くなったり切れたりして危険です。定期的に緩めることが重要なんです。

テンションの特性
　テンションは自分でコントロールしやすく、普段はある程度下げた状態をキープし、出動指令と同時に上げたりできますが、基本的には一時的なもので、下がりやすい特性を持っています。

	構成要素	陸上種目	体力要素	たき火
モチベーション	精神的	中長距離型	持久力	薪
テンション	身体的	短距離型	瞬発力	着火剤

　モチベーションとテンションは別物です。市民から感謝のお手紙をいただいたりしてモチベーションが上がればテンションも上がりますが、テンションの上下によってモチベーションが影響を受けることはほとんどありません。影響を受けると感じているなら、本当の意味での内発的なモチベーションを掘り下げていないだけかもしれません。

　日常のできごとでテンションは上がったり下がったりしますが、テンションが上がればモチベーションも上がると思いこみ、ハイテンションの状態を続けていると疲れてしまいます。

　やる気のスイッチは誰にでもありますが、一番大事なのは、自分自身が今の仕事に本当に満足しているか、何を成し遂げるためにこの仕事を選んだのか、と折に触れて何度も自分を見つめ直してみることです。

メンタルポイント

- 生きていく上での喜びである自分の価値や存在意義を明確にする
- モチベーションの種を深く掘り下げ、目標と共にチームで共有する
- 目標に直結した行動をとり続ける→やる気が継続される

パニックコントロール

パニックとは人々が非常事態や社会不安などに直面したときにとる無秩序な行動のことです。パニック発生時に統率役のリーダーがいなければ、事態はさらに混乱すると言われています。先が見えない不安があったり情報不足のときも軽いパニックに陥りやすいものです。

災害現場では本能で恐怖や危険を感じる〈火〉〈熱〉〈煙〉〈刺激臭〉〈叫び声〉など様々な要素と闘うことが要求されますが、人の感覚は8割以上を視覚情報に頼っており、仮にその視覚が閉ざされた場合のダメージはかなり大きいものになります。

消防官はパニックに陥りやすい環境で活動するので「自分が置かれている状況を客観的に捉え、今あるものを最大限に活用した上で、冷静に考えて判断・行動する」訓練が重要です。一般社会が求めている「自ら考えて行動できる人材の育成」と決定的に違うのは、これができないと「自分の命を自分で守ることができず、二次災害や死に直結する」ということです。つまり、隊員が自ら冷静に考えて判断・行動できるか否かは、組織にとっても死活問題なのです。

ちなみに、視覚が閉ざされた場合の訓練は見ず知らずの8人が暗闇の中で視覚以外の感覚を使って90分間対話をしながら様々な行動を共にしていくという「ダイアログ・イン・ザ・ダーク」、音のない世界での訓練は「ダイアログ・イン・サイレンス」というワークショップがおススメです。

NPO法人ジャパンタスクフォースでは、「CLEAR」というキーワードでチームにおけるパニックの軽減を推奨しているのでご紹介致します。

Communication（明確なコミュニケーションを持つ）
Limit（環境・個人・チームの活動限界を理解する）
Escape（退路・一時避難場所の確認・バックアップ）
Air（空気残圧と呼吸器の管理）
Repeat（上記確認を常に繰り返す）

パニックを抑制・最小限化するポイント

❖ 知識の習得によって不測ではなく、予測できること
❖ 訓練を通じ、対応技術を事前に体験すること
❖ 計画的行動を行うこと
❖ 計画に対するバックアップをいくつか準備すること

第3章　いざという時は勇敢に闘え

大切な「身内」のために闘う心理的エネルギー

> **POINT**
> あなたが本当に守りたい
> 一番大切な人やモノを
> 明確にする

人間は自分自身のことを守ろうとするより、大切な「身内」を守るためのエネルギーのほうが遥かに大きく、行動を起こしやすいと言われています。自分の命よりも未来のために「種」を残そうとする本能がめざめ、必死に守ろうとするからです。そのための戦闘モードに入っているときは、自己犠牲モードに入っていて不安や恐怖をあまり感じません。

防災行動や減災行動は、まさにこうしたエネルギーによって突き動かされます。消防官が生まれ故郷の本部を選んで就職したり、郷土愛の強い方々が消防団員となって闘うのは、地元でお世話になった方々を含め、大切な「身内」のために恩返しをしたい、という心理的エネルギーが根底にあるからでしょう。ですから、自分が本当に守りたい大切な人やモノの写真を財布に入れて持ち歩いたり、身内の連絡先や緊急時の約束事を持ち歩いたりするだけでも、生きるため、さらには生き抜くために勇敢に闘うことができるのです。ちなみに私は、水に濡れても大丈夫なように家族や身内の写真をラミネート加工して財布に入れ、20年以上常に携帯しております。

市民対象の防災・減災教育で、自然災害はこんなに凄いんだ！　だから今すぐに備えなくてはいけない、といくら恐怖感をあおっても、災いを先送りで考えたり、自分だけは絶対に大丈夫と思いこんでしまいがちです。これは自分にとって不都合な現実を排除しようとする「正常性バイアス」の罠にハマってしまうからです。人は外的要因より内的要因の方が本能的に動くことができるのですから、守りたい人をどうすれば守れるのか、を考えてもらうようにしなければ本当の防災指導はできません。

人は誰を守るために闘うのか？　何を守るために闘うのか？　目標をより明確にして、利他的な思考から出るエネルギーを活用すれば勇敢に闘うことができます。

> **POINT**
> 大切な人やモノが、
> 闘うための武器となる

災害と闘うための儀式「スイッチを切り替える」

> **POINT**
> 災害と闘う前に心に勝つ！

災害に対し「悲観的に備えて、楽観的に対処する」ということばがあるように、非常時は気持ちのスイッチを切り替える能力が必要です。災害対応は時間との勝負ですから、スイッチの切り替えは早いにこしたことはありません。東日本大震災で在日米軍は「トモダチ作戦」を展開しましたが、あまりにも甚大な被害を前にぼう然とする隊員に対し、「これは演習ではない！ これは演習ではない！」と連呼してすばやく現実を理解させ、スイッチを切り替えたそうです。

消防の日常においては、勤務中は軽くアイドリングしながらニュートラルな50％の状態を保ち、出動指令によりギアを入れて50％→2速上げた70％へ切り替えるというイメージが理想です。

出動指令によりゼロからいきなり100％のスイッチを入れてしまうと、舞い上がってしまいコントロールを失います。気合十分でもよいパフォーマンスが発揮できない状態になります。

> **POINT**
> いきなり100％のスイッチを入れてはいけない

50％→70％であれば、急激な上昇による反動もなく、攻め70％、守り30％でアクセル（攻め）とブレーキ（守り）の両方に手をかけて操っている状態になります。スピードを抑えることで視野が広がり「冷静に燃える」ことができるので、自分自身をコントロールしやすいのです。

これを、現職時代に現場の最前線で儀式のひとつとして実践していた方がいました。

その方は、現場到着後すぐに情報収集等で駆けずり回ると心拍数も一気に上昇し、頭の中も混乱するので、消防車両から降りてすぐにポケットからデジカメを取り出し、現場の状況を数枚撮影するのを心がけていました。ほんの数秒のことですが、その儀式を行うために足を止めるので心拍数が落ち着きます。カメラのファインダーを通して見ることで、目の前の災害を客観的に捉えることができます。ピンポイントでフォーカスする箇所を選ぶためには、必然的に現場全体を大域的に見ることになります。その結果、興奮しながらも現場の状況を冷静に分析でき、部下に対して冷静に指示を与えることができたそうです。

この儀式を何十年も続けたことで、「退職まで直属の部下を誰1人殉職させることなく卒業できたことが何よりも自分の誇りである」と胸を張ってお話しされていたのが印象的でした。

> **POINT**
> 有事は客観性を持つ

ゾーン＝火事場の馬鹿力（38ページ参照）を、ご自分で意図的に作っておられたわけです。そのメンタル的な攻めと守りの闘い方に、私は感銘を受けました。

結果を出すためにはPDCAではなく、Gg-PDCA

POINT

目標が日々を支配する

　PDCAサイクルという言葉を聞いたことがありますか？　計画（P）、実行（D）、評価（C）、改善（A）をくり返すことにより品質の向上や業務改善を継続的に推進するマネジメントの手法で、さらに一歩進めてゴール（目標）を設定し結果を出すためにPDCAサイクルを循環させる手法はGg-PDCAやG-PDCAといわれます。

　多くの業界で真のプロフェッショナルな組織や団体は、意識はしていなくてもGg-PDCAを実行していますが、この手法は消防にも適用できるものです。

　消防業務では日々の目標を立てにくいという方もいますが、営業成績等の数値目標はなくても、行動目標などいくらでも考えることができます。消防においても目標が日々を支配するのです。Gg-PDCAを消防的に解釈すると、次のようになるでしょう。

> **G**＝目的や大きな最終到達目標（Goal＝ラージジー）
> **g**＝中間目標（goal＝スモールジー）
> **P**＝計画性「究極の備え」（Plan＝プラン）
> **D**＝攻めの姿勢7割の行動力（Do＝ドゥ）
> **C**＝確認・評価する部隊ミーティング等（Check＝チェック）
> **A**＝勇気を出して改革・改善すること（Action＝アクション）

　目標を設定するというのは、目標から逆算して考えることです。2020年東京オリンピック・パラリンピックまであと○○○日！、というのも逆算思考の例ですが、逆算思考の習慣がつくと時間が未来から流れてくる感覚になります。そして目標達成が"あたりまえ化"している人たちは多少の無理難題を言われても、「できません、わかりません」ではなく、期限直前まで考えることを諦めず、何度も何度も数えきれないほど頭が筋肉痛になるくらいまで考え抜きます。

　身近な例では準備運動です。これを何も考えず、ただ儀式のように行っているのは非常にもったいないことです。プロであれば、何のために、誰のためにやってるのかを考える習慣を持つべきです。準備運動も仕事も、言われてやっているうちは見えてこないものが、目的意識を持つと様々な気づきが出て面白くなってきます。心構えという思考の準備もでき、結果怪我をしないのです。

　目標とは、次の目的地を明確にして覚悟を決めることでもあります。

　心が、ある目的に向かって動くことを志とも言い、そもそも今日は何を成し遂げるために出勤するのか？　そう考えただけでも朝からワクワク感が全く違うはずです。

> **POINT**
>
> 頭が筋肉痛になるまで考える

目標に向かうためにいくつかの留意事項があります。

> ① 階段は決してスキップせず、土台をしっかり踏み固めながら1歩ずつ進む
> ② 現状から110％程度の、手の届きそうな範囲の小さな目標だとやる気がわく
> ③ 結果だけにフォーカスするのではなく、挑戦した過程も評価する
> ④ 目標に向けた行動習慣を1つひとつ積み上げていく足し算方式が自信に繋がる
> ⑤ 勇者の上り階段と言われる挑戦は、苦しいけど楽しく、成長を約束する

　消防官の活動やメンタルをスポーツでたとえると、ラグビーに相当します。ラグビーW杯で大活躍したエディー・ジャパンの試合前日の儀式（パズルをスタッフも含めて1人1ピースずつ組立て、最後の1つをキャプテンが収める）は有名で、1人でも欠けたら勝利は完成しません。全員が役割を果たして目的地に向かって心を1つにして闘うための大切な儀式の可視化なんです。さらにニュージーランドのオールブラックスが試合前に行う儀式で有名なウォークライ（＝ハカ）は、相手をリスペクトした上で自分たちを鼓舞し、命をかけて本気で挑戦する決意を可視化した大切な儀式なんです。

　あなたは、日々目的を持ち、目標に向かって仕事をしていますか？
　生き方・働き方の姿勢が見える背中を、部下たちは黙って見続けていますよ！

手の届きそうな目標を積み重ねて大きな目標を実現する

第3章　いざという時は勇敢に闘え

達人に学ぶ 日本中が大注目！

「株式会社 渋川消防」トップリーダーのメンタルに迫る

渋川広域消防本部　消防長　消防監 **青山省三**

「俺は全国で消防のことが一番好きだ！と自負しているし、今は消防を誇りに思っている」

渋川広域消防本部の青山省三消防長は、インタビューの最後にこう言われました。渋川広域消防本部は、この数年で大きく組織力を伸ばした消防として全国から注目を浴びています。職員の誰もがやる気に満ちあふれ、消防本部には活気があふれています。

ご近所の評判、訓練を止めて

常に活動服で勤務する青山省三消防長（中央）。

のおもてなし、ウェルカムボードを掲出しての来客の出迎え、綺麗でワクワクする階段、自分たちの取組をPRする広報コーナー等々、消防本部の空気感はまったくと言っていいほど、ある会社と重なります。その会社で私は数年前から訓練や人材育成を担当させていただいていますが、成績重視の外資系でありながら人間愛・家族愛を基本理念とし、社員の1人ひとりに心を配るすばらしい会社です。渋川広域消防本部はまさに「株式会社 渋川消防」ともいえる優良企業で、そのトップリーダーがここで紹介する青山消防長です。そこに至るまでの葛藤や困難に負けないメンタルを伺ってきました。

渋川消防が今も挑戦し続けていること

以前の渋川広域消防本部は、何でも「昔からこうだったから」といって変化を嫌う前例踏襲主義だったそうです。部下からの改善策が聞き入れられることはあり得ない組織で、「どうせ何を言っても変わらない」→「だから何も言わない」→「何も考えない」という負のスパイラルに陥っていました。

職場の雰囲気が一変したのは平成23年、青山消防長が本署の課長となり職員の教育を一任されてからでした。まず取り組んだのは、新人の指導者として入職数年の若い職員をつけること。若手の職員は新人を教えることでさまざまなことを学ぶとともに、自分に自信を持てるようになりました。

次に青山消防長は朝礼で職員らに「あなたは今日何をしなければならないのか？ 何をしたいのか？」と問いかけるようになりました。答えられなければ「何も考えずに仕事に来るな！」と一喝したのです。

青山消防長が組織的な意識改革を図ると、管理職は若手の意見を吸い上げ、それを反映させて1日の業務を構成するようになりました。失敗したことは責めませんが、何もやらなかったことに対しては叱責します。そして事あるごとに、「自分たちの仕事はすべて、地域住民のためである」という意識を持つように何度も言い聞かせた結果、職員一人ひとりが従来の指示待ちの姿勢から、何のために勤務しているのかを考える文化が醸成されていきました。

そして、ちょうど組織の変革期であった平成23年に

管内で大規模な延焼火災が発生し、そのなかでの苦い経験が、新たな消火戦術を生み出す契機になりました。この火災で、ほぼすべての立場の職員が反省し、「このままではダメだ」と消火戦術の再考が始まります。現状をどうすれば打破できるのかを突き詰めた結果、少人数で1秒でも早く初期消火を開始する「渋川式火災防ぎょ戦術」が誕生したのです。

渋消式火災防ぎょ戦術のポイント
① ホースが3本入るオリジナルバックを作成（転戦用、交換用として有効）。
② 10m〜20mの余裕ホースを確保するための収納方法の創意工夫
③ 資器材の変更や導入にあたり、数値化した上で管理職に検証現場を立ち会わせて決裁
④ カタログ上の数値ではなく、実験した根拠のあるデータで自信を持って提案に繋げる
⑤ 使用車両や資器材が異なるので、他の戦術を鵜呑みにせず、検証を積み重ねる
⑥ スキマ時間の有効活用（点検や清掃等を分解して細かく実施し、訓練・検証時間の確保）
⑦ 徹底した効率化を図ることで訓練や検証の時間を確保
⑧ 独自の吸管伸長（下車から揚水完了まで最速23秒）2人法から1人法への挑戦！
⑨ 火災防ぎょのパターン化（戦術1〜7まで）
⑩ 場読み（水利から火点までの距離を正確に測定すること）

渋川消防の三大改革

青山消防長はハンズ・オン・マネージャー（手を汚す管理職）としてのリーダーシップを発揮し、次の3点を徹底しました。
(1) **教育訓練（人材育成）の徹底**
(2) **合理化の推進（訓練や教養等人材育成の時間確保）**
(3) **5S運動の推進（整理・整頓・清潔・清掃・躾）**

その結果、次に挙げる9つの方針（いわゆる社則です）ができあがりました。

〈新生・渋川消防の社則〉
① 必ず次の日に何をするかを考えて職場に出勤する
② 朝、30分早く出勤し水利調査を行う
③ 前の日に発生した火災現場は、必ず自分の目で確認し夜の検討会で意見を言う
④ 常に進化を求めて、新しいことに挑戦する
⑤ やってみたいと思ったことはすぐに実行し、署全体で実施する
⑥ 常に本署と分署の横のラインをつないでおく（共通認識）。（毎当務火災防ぎょ検討及び各種教養実施）
⑦ 水利や道路の状況から危険個所を判断し、事前に戦術を確立しておく
⑧ 各署所で地水利テストを毎月実施する（合格ラインは管内193基中のうち156基＝平均80点以上）
⑨ 備品や各種資器材等に価格を表示し、トイレの便器は素手で清掃する（訓練礼式や所作の重要性を認識するため）

渋消式指揮隊要領

千手観音の信念を持て

千本の手のそれぞれの掌に眼を持つ千手観音は、どのような衆生をも漏らさず救済しようとする観音の慈悲と力の大きさを表しています。消防が対応する災害にあてはめれば、その災害すべてに目を配り手段を講じるということです。

渋川消防では「災害コントロール」のために指揮隊が先陣を切って現場に向かいますが、これは全国的に見ても珍しいでしょう。指揮隊が最先着すれば、現場周辺に対して必要な情報提供を早期に行って住人の不安や恐怖心を取り除くことができ、野次や罵声を浴びることがなくなります。その結果、活動隊が働きやすい環境が作られ、活動隊は気持ちの余裕を持てるようになり、ミスや事故を防ぐことができます。

青山省三消防長。

第3章　いざという時は勇敢に闘え

こんなこともやっています

副隊長制度　朝の申し送り等を若い職員に任せる。(人前で話す力を身につけることができる)
時間割　朝の交代時に指定された担当係が記載、全員の前で連絡して確認する。
乗車区分表と隊員カード　オリジナルの乗車区分表と隊員カードを作成。隊員カードは現場活動時には取り外して指揮者に渡し隊員を管理する。
指揮車の有効活用　救助隊の搬送資機材を一部、火点に直近する指揮車に積載し救助隊の負担を軽減する。
近隣住民の信頼を得る　毎日、消防署周辺の道路清掃をする。騒音問題の苦情解消、災害活動外の存在意義確認にもつながる。
他本部にも情報を提供　他本部からの要望に応え、平成25・26・27・28年に渋消式火災防ぎょ勉強会を開催。これまで全国から331本部のべ3147名が参加した。
作業分散で時間を節約　月に1回、時間をかけて行っていた車両のワックス掛けを分割して日々少しずつ実施することにより、まとめて行う時間を削減した。
消防車両のカイゼン　不必要・不適切なものに気づいたら、改善して消防車両に合理性・作業性・迅速性を追求
消防ホース巻取機の活用　訓練回数を増加させるためホースの収納時間を短縮できた。
参考図書の活用　東京消防庁警防部監修「新消防戦術」。
分水器の塗り分け　どこの部隊のホースラインか、色分けして即座に判断できるようにした。
いつでも・どこでも・プチ学習　トイレにその時期にあったプチ学習内容を掲示。
新任職員の若葉マーク　ヘルメットに反射テープで作成した「S」マークをつけ、現場で新人職員であることが認識できるよう見える化。
各委員会・担当者の配置　担当者を管理職一人に集中させず、職員に分散して配置することで知識と責任を持つ機会を得させる。

青山消防長の転機

1回目のターニングポイント

民間企業を経験後、様々なご縁から生まれ故郷である渋川消防に入職された青山消防長は、昇任制度もない中、30代半ばまでは現場で先輩から言われたことをこなすだけの毎日を過ごしていました。それに何の疑問も持たず、環境に流されるままだったそうです。

1回目のターニングポイントは、人事異動で毎日勤務になったときでした。

「現場経験を活かせず、法律等何も知らなくて恥をかいた。ただ、ただ恥ずかしい」
「しかし逃げるわけにはいかない」
「こんな思いを若手にさせたくない」

この3つの強い想いから「勉強は気づいた時にいつでも始められる」と気づき、必死に先輩に食らいつきながら猛勉強しました。

2回目のターニングポイント

2回目のターニングポイントは、消防大学校に入校したことでした。当時は県内他本部との交流もなく、青山消防長は渋川消防しか知りませんでしたが、消防大学校入校の2ヵ月で全国各地の本部から来ている消防職員たちから大いに刺激を受けました。そして「今までうちの消防は一体何をしてきたんだ！」という感情が沸き起こります。

3回目のターニングポイント

3回目のターニングポイントは、消防学校の派遣教官になったことです。平成11・12年は予防査察担当教官として誰よりも学生と一緒に汗を流しました。ここで教育の重要性を再確認し、「早く地元の本部に戻って若手を教育しなくては」という思いが沸き上がりました。

第4回目のターニングポイント

4回目のターニングポイントは、機関員教育の先輩と出会ったこと。消防学校から現場に戻ってきたときに、機関員の先輩が休みを返上して徹底的に教えてくれたそうです。

「こういう熱い上司もいるんだ！」と教育の重要性に改めて気づかされ、「何かを変えたい！」と思いつつも、昔からの組織風土の中で悶々とするばかりで、新たなことには挑戦できませんでした。

第5回目のターニングポイント

5回目のターニングポイントは本署の課長になったことでした。平成23年、課長という現場の指揮者となり、今までの成果がやっと認められ、上司から「好きなよう

渋川消防オリジナルのホースバッグを持ってホースの設定に向かう消防隊員。

う情熱の炎は絶対に消さなかったのです。

そして次に示すマイノリティ・インフルエンス（1人の意見が多数派を変える方法）の②を繰り返した結果、①のチャンスを得たタイミングで大改革が起きました。下からと上からと両方向から攻め続けたことで、改革を達成したのです。これは周囲を変える最も理想的な攻め方でした。

にやっていいよ！」と言われたことで大改革が加速し始めたのです。（現在もチャレンジ中）

思うように改革できない時は？

実は様々な転機で上司に改革案や改善案を提案していた青山消防長でしたが、当時は「時期尚早だ！ 生意気だ！」とまったく相手にされませんでした。それでも諦めず、実践できない事は充電期間だと思い貯めておき、「せめて自分の所属だけでも何とかしてみよう！」と手の届く範囲で少しずつできることから行動に移していたそうです。つまりどんな状況下でもタイミングを待ち、闘

> 『マイノリティ・インフルエンス（少数者の影響）』
> ① 過去に集団に対して大きく貢献した人が実績から集団の理解と承認を得ていく方法
> （消防長・消防団長や管理職というリーダーになった人が上から変革を促す方法）
> ② 大きな力を持たなくても、繰り返し主張を続け、周囲を巻き込んでいく方法
> （自分の意見を繰り返し主張し続け、下から多数派の意見を切り崩していく方法）

トップリーダーとして闘うために必要なメンタル

究極の負けず嫌い

青山消防長はご自身のことを「究極の負けず嫌い」とおっしゃいますが、リベンジなどではなく、「俺と同じ思いをさせたくない」という「利他心のエネルギー」を行動に変える力を持っている方でした。

人事異動がある組織では、決まったように新任1年目は様子見に徹するものですが、青山消防長は着任を絶好のチャンスととらえ、すぐにできることは1つでも2つでもと改善改革に着手しました。そして常にアンテナを張り、気がついたことは皆で共有することを心がけてきたそうです。

「教育は上司部下の関係では限界がある。手塩にかけて子育てする覚悟で臨まなくては」

と語る青山消防長は、全職員160名の顔と名前を覚えておられ、家族同様の距離感で接しています。消防長だからといって制服を着用するのではなく、常に活動服という戦闘服を着用し、いつでも現場の最前線に立つ臨戦態勢で仕事をされています。

「間違いなく教育は嘘をつかない。教育の結果、うちの若手は着実に力をつけてきた」

まっすぐな目でそうお話するトップリーダーは、おそらく1000人規模の組織にいても創意工夫しながら火源と酸素の二役をこなし、人材という可燃性物質を燃焼させ続けると思います。

「コーリング」の心理

取材中、青山消防長は何度も何度も「とにかく人が好き、本当に俺は幸せだ、感謝しかない」と感謝をことばにされていました。これは心理学で言う「コーリング（Calling：天職）」の仕事観をお持ちであることの証明です。仕事と人生に前向きで、大きな満足感を感じていらっしゃるということです。

青山消防長の改革は、日本中の消防に情熱の連鎖反応を起こしています。最近では、渋川消防の活動に興味を持ち、採用試験前から何度も研修に参加するうちに職場風土に惚れこみ、「ここで働きたい！」と明確な目的を持って入職する若手も増えつつあります。

若手の職員たちは「青山消防長がいずれ退職されても、渋川消防は私たちが絶対に進化させていきますよ！」と大変力強く語っていました。熱い血が、組織の毛細血管の隅々にまで行き渡っていることを確信しました。

第3章 いざという時は勇敢に闘え

職場風土を変えるために必要な
レジリエンス・マッスル

職場の空気感（＝質の高い仕事をする上での場づくり）はとても重要です。よい緊張感があるのか、重い空気感なのか、浮ついた空気感なのか。皆さんの職場風土という文化はいかがでしょうか？

「昔からこうだから」とか「先輩がこう教えてくれたから」と、やみくもに前例を踏襲するだけの組織に、はたして文化があると言えるでしょうか。

企業コンサルタントの間で長年にわたり語り継がれてきた興味深い話があります。

> 4匹のサルが檻に入れられました。今までと環境の異なる場所です。檻の中央には長い棒が立てられており、その先端には甘くておいしそうな一房のバナナがぶらさがっています。誘惑にかられて、サルたちはめいっぱいのスピードでよじ登り始めます。しかし、そこには不快な仕掛けが待ち受けていました。サルたちがバナナに近づくと、実験者はいきなり滝のような水をサルに浴びせかけたのです。サルは水嫌いなネコよりさらに水が苦手ですから、これはショックです。ぶるぶると震えながら檻のすみっこで互いに身を寄せ合い、もう二度と、棒やバナナに近づこうとする者はいませんでした。
>
> 実験者は、1匹のサルを残して他の3匹を檻から出し、新たに別の3匹のサルを檻の中に入れました。この3匹もまた、魅力的なバナナに近づこうと棒に登り始めましたが、苦い経験をした先住サルの1匹は、3匹の新入りを救うためにあらゆる手を尽くします。彼は、歯をむき出しにして、うなり声を上げ、手足をつかんで引きずり下ろして、棒に登るのを食い止めました。その後彼らは二度と棒に挑戦することなく、水を浴びずに済んだのでした。
>
> 次がこの実験の最終幕です。新入り3匹のうち2匹が、水を浴びせられた先住のサルと一緒に檻から出され、新たに3匹のサルが入れられました。今、檻の中にいるサルは、1匹も水を浴びせられた経験がないことに注目してください。その様子を目撃すらしていないのです。ただ1匹だけは、棒を登ることを止められはしましたが、その理由を理解していません。さて、彼は何をしたでしょうか？
>
> 新たな新入りのサルたちを引きずり下ろし、歯をむき出しにして、うなり声を上げ、彼らが棒に登ることを防いだのです。
>
> 参考文献：『レジリエンスの教科書（逆境をはね返す世界最強トレーニング）』（カレン・ライビッチ／アンドリュー・シャテー著　宇野カオリ訳　草思社刊）

最近よく、ビジネス界ではレジリエンス・マッスルということばが使われます。逆境を乗り越えて再起する心理的なたくましさのことで、レジリエ

> **POINT**
> 管理職には若手の意見や提案に耳を傾ける勇気が必要

ンス・マッスルを持つ人は、課題に気づき、逃げることをせず、課題解決能力を使って闘うための行動を起こし始めます。

しかし、経験年数が長いというだけで大きな声で吠えまくる諸先輩方は、闘っても無駄だ！ という長い年月を経て刷り込まれた職場風土にどっぷり漬かり、根拠もなく若手の足をつかんで引きずりおろし、闘う土俵に上げることすらしません。一方、革新を志向しない若手は自ら手を上げて主体的にかかわろうとしません。職場風土の根本的原因は双方にあるのです。

このような職場においては、優秀な革新者の多くは早々に見切りを付けて退職していきますし、提案や確信を受け入れなかった企業は最悪の場合、破産申請に追い込まれる事例もあります。

そう考えると、前のページで紹介した渋川広域消防本部の青山消防長が改革を途中で諦めて早期退職されなかったことは奇跡でもあり、生まれ故郷に対し、退路を断つ覚悟で肝を据えて取り組んだ賜物と思われます。

これからの消防にとって、青山消防長が特別な例であってはいけません。管理職は、潜在的に多くの若手が挑戦できる場を求めているのかもしれないことに気づき、勇気を振り絞って行動を起こしてほしいものです。

渋川広域消防本部 青山省三消防長（右）と筆者（左）。

第4章
究極の備えは心と体と絆のリカバリー

> 人は誰でもしなやかにストレスを受け止め折れずに立ち直る力を持っている

〈戦略的リカバリー〉という疲労回復の文化をつくる

POINT
消防業界に
疲労回復の文化を

POINT
疲労をためない
攻めの
コンディションづくりを

消防には疲労回復の文化がない

　時間ギリギリまで訓練を行い、その後は資機材を撤収して（これにも時間がかかる）災害に備える。消防は戦略的リカバリーという身体のケアにかける時間が確保できていないのが現実です。そのうえ当直中は自分の疲労度に自分で気づきにくいもの。これはメンタル的に非常に危険です。心も体も戦略的リカバリーがあってこそ効果的に回復し、常備消防として闘う備えができるのです。

　消防学校体育教官時代、起床後の体力錬成、消防体育の授業、アフターの自主時間、入浴時、睡眠前などあらゆる時間帯で工夫しながら100名以上いる学生に対し徹底的に戦略的リカバリーを行ったことがあります。すると、1500m走を4分台で走る学生がなんとクラスの半分以上となり、平均も約5分ジャストと過去最高の結果となりました。訓練でケガをする学生も断トツに少なかったのを覚えています。

　当直勤務者は毎日勤務者の3日分にあたる24時間、一定の緊張状態が続くだけでも血行が悪くなります。出動指令が入れば「ドキッとして」心拍数が上昇し、心臓にかかる負担は計り知れないものがあります。とくに仮眠中は出動指令と共に即座に起床するので、安静時から一気に血液が流れ出し、心拍数が2倍から3倍上昇することもあります。血管を含めた呼吸循環器系に相当な負担がかかるのは言うまでもありません。さらに災害対応中は、極度の緊張と不安の繰り返しです。

　現場から帰署後も、訓練を行った後も、疲労回復のため湯船にゆっくり浸ることはできませんから、身体は疲労が蓄積された状態のままです。

　日常の訓練でも、特に引く（プルやローイング）系の訓練動作が多い救助隊は身体の背面に疲労が蓄積されやすく、そのままにしておくと背面の深層筋肉がどんどん凝り固まってしまい、大切な活動要素の1つである全身持久力を司る呼吸循環器系に影響を及ぼしかねません。

　では、どう対処しているのか？　私の知る範囲では、かなりの疲労が蓄積されたと感じたり腰痛等の症状がひどいときだけ、非番や週休を活用して整体やリラクセーション施設に通い、一時的にしのぐのが現状です。そのこと自体はまったく悪いことではありませんが、疲労がピークに達してから貴重な時間とお金を使うよりも、疲労がたまらないように毎日攻めのコンディションづくりを行うことがメンタルヘルス不調にとっても必要です。戦略的リカバリーは予防対策がすべてなのです。

戦略的リカバリーの先にあるもの

　なぜこれを勧めるのか。ここで1つの事例を紹介します。
　10年くらい前になりますが、私はあるチームスポーツの日本代表を選抜

第4章 究極の備えは**心と体と絆のリカバリー**

POINT
心の疲れは
予防対策がすべて

するための体力測定に立ち会わせていただきました。そこで選ばれた選手たちは、世界大会までの限られた時間で最高のチームとして闘えるよう、ある約束事を徹底的に行ったのです。その結果、私も驚きましたが世界大会で初優勝（！）という快挙を成し遂げ、最高の笑顔で雑誌の表紙を飾っていたのです。では、彼らは一体何をしたのでしょう？

> **1日の猛練習の最後に「心と体と絆のリカバリー」を徹底的に行い、イライラやモヤモヤも含めて全て吐き出してスッキリさせてから笑顔で解散する**

　チームスポーツですから練習中には様々なことがあります。だからこそ、陰でガタガタ文句を言うのではなく、皆で顔を突き合わせ、まずは我々は何を成し遂げるために今ここにいるのか？　という目的を確認しました。さらに、体のリカバリーをしながら全員が心に引っかかっていることを徹底的に話し合い、その日に起きたすべての誤解を解いて相互理解し、お互いにリスペクトし合い、スッキリ笑顔で解散するというポジティブミーティングを繰り返したそうです。これならば自然に、また明日の練習も頑張ろう！となりますよね。
　では、こうしたタイミングで気持ちをスッキリさせるようにすると、何が変わるのでしょうか？
　消防業務もチームで行います。たとえば仕事中に溜まった人間関係等のストレスでイライラ、モヤモヤしているまま非番を迎えると、一気に解放されたことで自分自身のブレーキコントロールを失い、不祥事など間違った方向にエネルギーが向いてしまうことも考えられるのです。
　消防において疲労回復という文化を醸成するためには、ショック療法ではないですが、血液をすべて入れ替えるくらいのつもりで、誰かが覚悟を決めて行い続けなければならないでしょう。無意識に皆がそれにならうようになって、はじめて文化になるのです。
　あなた自身がその誰かになってみてください。

POINT
「心や体が疲れている」と
感じたら1つのサイン

当直中のリラックス法
　話は戻りますが、当直中にはどのようにすればリラックスできるのでしょうか。
　緊張と弛緩は車の両輪と同じで、筋肉で言えば拮抗筋（1つの動作の際に反対の動きをする筋肉）に該当します。骨を間に挟んで2つの筋肉がペアで支え合っている上腕二頭筋と上腕三頭筋がイメージしやすいと思います。良いパフォーマンスを発揮するためには拮抗筋が同時に縮んでも緩んでもダメで、どちらかが緊張して力を発揮しているときには、一方が弛緩して支える理想の夫婦関係のような働きをしているのです。また、質の高い仮眠がとれる職場の環境づくりも一時的なリラックス効果が期待できます。

緊張と弛緩は
拮抗筋に似ている

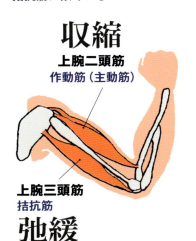

収縮
上腕二頭筋
作動筋（主動筋）

上腕三頭筋
拮抗筋
弛緩

当直でも非番でも睡眠をコントロールする

> **POINT**
> 睡眠の質やリズムを
> 大切にする

　出張の多い私がホテルを選択する際に最優先するのが睡眠環境です。健康の3要素である運動・栄養・休養という3本柱のうち、睡眠は1番の大黒柱です。皆さんは当直や非番で質の高い睡眠や仮眠がとれず悩んでいませんか？

　睡眠は人間の3大欲求の1つでもあり、サバイバルにおいては3日間以上寝ていないことは、3日間水分摂取していないことと同じく死に直結することでもあります。

　消防は大規模災害時に長期の活動を行うことがありますが、そうした場合でも適切な休養を戦略的にとらせることが必要です。24時間活動を継続させるためには3交代制にして、現場からは見えない少し離れた所で横になれるよう配慮することが必要です。

　睡眠時間を短縮する方法に、軍隊でも採用している「ウベルマン（超人）睡眠法」があります。多相性睡眠と呼ばれ、4時間ごとに20分ずつ小分けにして睡眠をとる方法です。長い睡眠時間を確保できない時には非常に便利ですが、日常的に継続して実施するのは避けたいものです。

　では一体どうしたら質の高い睡眠や仮眠が確保できるのでしょうか。

睡眠の必要性
① 肉体的疲労（体が疲れているのでガソリン不足を回復）
② 精神的疲労（人間関係や悩み事のストレスで心が疲れている状態を回復）
③ 神経的疲労（目を酷使したデスクワーク等による脳の疲れを回復）

> **POINT**
> 睡眠は
> 体・心・脳の
> 疲労に有効

　このように、睡眠は体・心・脳という3つの疲労のすべてに有効です。
　睡眠の状態は一定ではなく、大脳が休息するノンレム睡眠と、大脳がある程度活性化しているレム睡眠が交互にくり返しますが、どちらも重要

ノンレム睡眠とレム睡眠の周期

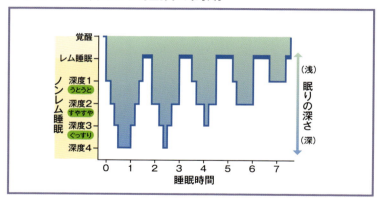

第4章 究極の備えは心と体と絆のリカバリー

ノンレム睡眠とレム睡眠の特徴

ノンレム睡眠	その他	レム睡眠
脳の休息（メンテナンス） 深い眠り （脳も体も眠っている）	一晩にノンレム＋レムの睡眠セットを3〜5周くり返し、1周期は70〜110分（平均で90分）	体の休息（メンテナンス） 浅い眠り（10〜20分という短時間） 筋肉弛緩している 睡眠不足の人はレム睡眠が出現しないリスクあり 過度の飲酒はレム睡眠の質が低下するリスクあり
呼吸深く、脈拍少なめ		呼吸浅く、脈拍は変動
寝返りをうつ （24回平均）		うつ病予防に関係する時間帯 夢を見ている時間帯 金縛りを起こしやすい、トイレに起きやすい
副交感神経活発 精神的ストレス消去 成長ホルモン大量分泌 疲労回復・ケガの修復	深度1まで16分 深度2まで26分 深度3まで40分 深度4まで46分 （※個人差あり）	交感神経・副交感神経の両方が働く 急速な眼球運動 覚醒時よりも脳が活発で作業集中モードという特殊な環境
眠りの前半は徐波睡眠（ノンレム睡眠の深度3〜4に多い） 記憶の取捨選択 前半の3時間で一晩に必要な睡眠の80〜90%		眠りの後半はレム睡眠の深度1〜2が多い 付箋で整理、記憶の固定（競技能力の定着）

で意味があります。また、体の修復や疲労回復に重要な役割を果たす成長ホルモンは睡眠依存型で、睡眠時間の長短ではなく深い眠り（ノンレム睡眠）が引き金となって分泌されます。効率よく疲労回復するためには、睡眠時間だけでなく、睡眠の質に気を配りたいものです。

睡眠不足の影響は、肉体的疲労だけでなく、心にも大きな影響を及ぼします。

POINT
眠気を感じたら
戦略的に睡眠や仮眠をとる

睡眠不足で起こる心の影響

- 感情のコントロール機能の低下（キレやすい、協調性がなくなる）
- 気分のうつ傾向（輝きがない）
- 意欲の低下、自己評価の低下（自信喪失）
- 認知機能の低下（話がくどい、面白くない）
- 論理的思考能力と創造性の低下（知的に見えない）
- 精神的ストレスの蓄積（イライラする）
- 空気が読めない、恥じらいがなくなる
- やる気が出ない、気合が入らない
- 集中力・注意力の低下
- 記憶・学習能力の低下

睡眠の基礎知識

- 睡眠物質（アデノシン）が溜まると眠くなる
- 深部体温（脳温）が低下してくると眠くなる
- 数秒間寝落ちすることを、マイクロスリープという。長く続いたり頻度が多いと危険
- 一定のリズムで生活していると、体温が下がり始める2時～4時、14～16時に眠くなる
- 1日の中で1番体温が上昇する19時～21時は「睡眠禁止帯」
- 睡眠不足を返済で0にできるが、寝溜めはできない（平日と返済時の差は2時間程度）
- 徹夜明けや5時間未満の睡眠が2日続いた状態はビール1～2本の飲酒状態と同じ
- 睡眠時間よりも質やリズムが重要である
- 戦略的に20～30分程の仮眠（若い人は早く徐波睡眠に入りやすいので短く）をとる
- 非番でも昼間は数回の仮眠で我慢し、夜のために疲れを残し質の高い睡眠を確保する
- 寝返りは歪みの矯正等の目的で平均24回程度
- 寝返りが打てない狭い空間では仮眠からの起床時に腰痛を発症しやすい
- カフェイン摂取よりも1回の仮眠が眠気を吹き飛ばす効果がある
- 直前にカフェインや携帯等で脳を覚醒させると、質の高い睡眠がとれない
- 睡眠前のコップ1杯の水や白湯は喉の渇きを癒し質の高い睡眠に繋がる

第4章 究極の備えは**心と体と絆のリカバリー**

脳の中にあるストレスコップ

学生時代から大切にしていることばがあります。「若いうちの苦労は買ってでもしろ、しかし苦悩は自滅する」

私を支えてくれたこのことばを、メンタル的に解釈してみましょう。

> 苦労した脳は生み出す力を持っているので、自ら進んで行動しなさい。最後はご苦労様となります。

> しかし、苦しみ悩んでもがくような、行動が伴わない脳の使い方は、足が止まり自滅するので気をつけなさい。

効果的に脳を使うための素晴らしいことばでもありました。

では、ストレスからくる心の疲労はどのようにしたらリカバリー（回復）するのでしょうか。まずは脳へのストレスを考えてみましょう。下表（成人のストレス表）からもわかるように、個人差や性差はありますが、仕事でもプライベートでもお祝い事でも様々なストレスがかかることがわかります。

成人のストレス表
出典：『心の健康トゥデイ』（佐藤誠/岡村一成/橋本泰子著　啓明出版刊）夏目, 1989より

順位	項目	点数	男性	女性
1	配偶者の死	82	82	83
2	会社の倒産	77	79	68
3	離婚	70	70	73
5	転職	64	64	60
8	怪我や病気	61	60	62
11	仕事上のミス	60	60	60
15	人事異動	59	59	55
16	配置転換	57	58	53
20	友人の死	53	51	66
23	職場の人間関係	51	50	53
24	結婚	50	50	50
27	定年退職	50	51	43
29	夫婦げんか	47	47	47
40	課（部・係）員が減る	43	44	39

平均ストレス＝53　堪えられるストレス限度＝76（女性72）

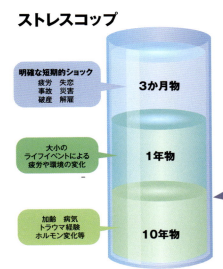

そしてストレスを溜め込む（受け止める）コップが脳の中に存在すると仮定しましょう。無限に入るコップではないので、ある程度の容量が限られています。

> 下から10年物のストレス（コンクリートのように固まっているので、うまく付き合うしかない）
> 2段目の1年物のストレス（ドロドロのヘドロ状態。横に倒すと1年かかって外に出る）
> 上段の3か月物のストレス（サラサラなので揺らす・かき出す・考え方を変えるなど発散系解消法で外に出る）

出典：『自衛隊メンタル教官が教える 心の疲れをとる技術』（下園壮太著　朝日新書/朝日新聞出版刊）

胃袋もスペースが空いてくるとお腹が空くのと同じで、ストレスコップも個人差はありますがパニックラインという限界点があります。そこをオーバーフローしないよう常に出したり発散させて、7～8分目より下回るよう意識してコントロールしていくことが必要です。

　短時間の仮眠であっても、身体を横にすることで頭も横に倒され、サラサラした上段のストレスがコップから外に流れ出ます。（いわば膿を出すイメージ。組織としては膿を出しやすいよう、安心して仮眠できる環境を整えたいものです。）

　さらに何かにもたれかかったり、布団に包まれたりという行為は、リラックス状態を表す副交感神経を優位にし、筋肉を弛緩させるのです。思わず「フ～ッ」というため息を出す行為にも重なり、束の間の休息にはとても効果的なのです。（P92のストレッチポール等が有効）

　私は官民の軍隊的トレーニングの両方を経験していますが、夜逃げや脱落者が多いのは、肉体的疲労ではなく、圧倒的に精神的疲労で追い込まれたケースでした。

性・年齢別に見た主な悩みやストレスの原因（複数回答）の割合（12歳以上）

出典：厚生労働省「平成22年国民生活基礎調査の概況」

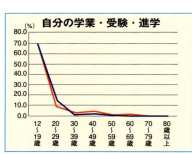
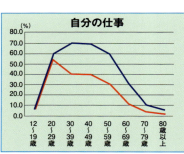
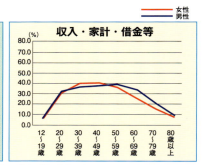
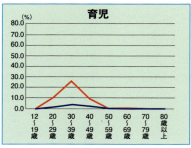
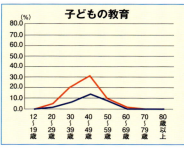
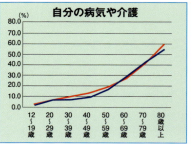
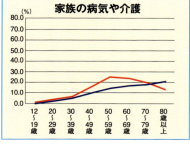
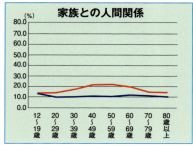
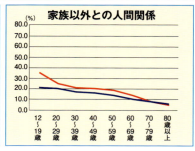

ストレスコントロール

> **POINT**
> 良いストレス、悪いストレス

　心をコントロールするということは、身体をコントロールすることでもあります。

　人間はストレスに遭遇すると本能的な闘争・逃避反応によって筋肉を緊張させ、事態に対応する準備を調えようとします。このときストレスが強ければ強いほど、筋肉が収縮する割合は大きくなります。

　あなたにとって、ストレスとはどのようなイメージでしょうか。頭の中で、ストレスを絵にしてみてください。どのような感じに描けたでしょうか？

　何か黒っぽいものですか？ トゲトゲしているものですか？ 上からの重圧？ 怒っている表情？ 上司の顔？ ストレス＝悪いこと（悪者）といったネガティブなイメージを描いた人が多いのではないでしょうか。でも、本当にそうなのでしょうか？

充実感をもたらす良いストレス
心身を追い込む悪いストレス

　ストレスには、人生に喜びや充実感をもたらす良いストレスと、心身に悪さをする悪いストレスがあります。良いストレスは目標や夢に向かって自分を鼓舞する刺激となって心や体を活性化します。一方、悪いストレスが溜まると心身を悪い方向に追い込んでしまい、危険から逃れるために息を潜めて深呼吸できなくなるのと同様に呼吸が浅くなります。負の連鎖でストレスをどんどん内側に溜め込んでしまい、筋肉がどんどん固まってきて何もしたくなくなります。

　悪いストレスによりメンタルヘルス不調になりやすい人は、往々にして自分に自信がなく、将来が不安なので持っているお金を溜め込むこと（貯金）に執着してしまう傾向があります。さらには、もっと溜め込もうとギャンブルに依存してしまい、多額の借金を抱え、ついには不祥事を起こしたりと悪循環から抜け出せなくなってしまいます。

　貯金が悪いわけではありませんが、お金は天下の回りモノですので、ある程度使って発散するのも気持ちがラクになるかもしれません。**発散とは、内側にたまったものを外に飛び散らすこと**ですから。

　メンタルヘルス不調に陥っていない人の多くは、周りの条件や環境バランスがよいおかげでストレスコントロールが無意識にできていることが多いのですが、そうした恵まれた条件にいる人はむしろレアケースといってもいいでしょう。ここで言うバランスとは次の3つです。
「ストレス」
「脆弱性（ストレスに耐える力）」
「対処技能（ストレスの解消法）」

　どんな人でもちょっとしたきっかけでバランスを崩してしまうことがあります。自分は大丈夫と過信することなく、日頃から心身の状態を気にかけ、

自分なりのストレス解消法をいくつか持ち合わせておくといいでしょう。
　メンタルが強い人の多くは、自分の感情やストレス反応等とちゃんと向き合うことができ、状態に合わせて必要なストレス解消法をとることができる人であり、事前に自分なりのストレス解消法を考え、身近に備えておける人なのです。

> **POINT**
> ストレス解消は
> 楽しい、心地よい

ストレス解消法はを「静」「動」をいくつも持つ
　最近は精神的疲労を取り除くといわれる積極的休養（アクティブ・レスト）が注目されていますが、あなたのストレス解消法はどのくらいありますか？
　通勤中、仕事中、休み時間中、食事中、帰宅途中、帰宅後、睡眠時、休日…頭に浮かんだストレス解消法を「静」と「動」に分けると、どのぐらいのバランスでしょうか？
　ストレスが溜まり始めた初期の頃は、音楽を聴くなどすぐに実践できる「静」のストレス解消法が効果的です。消防官はサーフィンや登山やマラソンなどの趣味を持つ人が多い傾向にありますが、「動」のストレス解消法はいつでもどこでもできるものではないので、「静」「動」何種類ものストレス解消法を持つことをお勧めします。
　ストレス解消法は、あくまでもその行為自体が「心地よい」と感じるものでなくてはいけません。ストレスの原因となっている先輩と飲みに行ったりカラオケに行っても楽しくないでしょう？

脆弱性(ぜいじゃく)
　脆弱性とは、コンピュータでいえばバグや不具合によるセキュリティの欠陥のことで、その状態を放置すると感染や不正アクセスの危険性があるので、定期的にアップデート（更新）が必要です。
　人に置き換えると、個人差はありますが「脆(もろ)くて弱い性質または性格」のことを指します。心の病気のかかりやすさ、再発や再燃のしやすさ、ストレスに耐える力（対応力）をあらわし、「正義感や使命感が強い」＝「真面目で几帳面」といった性格的な傾向も、脆弱性のひとつと考えられます。
　大規模災害など過酷な状況下での活動、ストレス負荷を味方につけて行う筋力トレーニング、コンマ1秒を争っての反復訓練、市民等に見られている中での災害対応など、消防官はいかにもストレス耐性・対応力が身につきそうな環境にいると思われがちですが、ストレスに耐える力は人それぞれですし、ストレスの種類や体調、疲労蓄積の度合いによっても違います。人によっては正反対の結果を生んだりします。
　組織にとってメンタルヘルス不調を減らすということは、今、とても重要な課題となってきています。周囲が普段との変化に早期に気づいたり、職場環境を改善してみたり、相談しやすい場をつくるなどの様々な取り組みをしていると思いますが、たとえば、毎日決まったバディで勤務前の服装点検等を行い、変化に気づき合うしくみをつくったとしましょう。しわだら

第4章 **究極の備えは心と体と絆のリカバリー**

> **POINT**
> 職場ぐるみで
> ストレスを減らす

けの活動服を着ていれば、「最近アイロンがちゃんとかかってないけど、どうかしたのか？」と問いかけます。別室で話を聞いてみると、何らかのストレスで睡眠状態が悪く、時間に余裕がなくてアイロンをかけることができない、などとわかったりするのです。

私は消防学校教育課時代、学生の下駄箱を毎日見て、脱いだ靴の収納状態が乱れていないか確認していました。これは風紀上のチェックではなく、靴の乱れを通して学生のストレスを早期発見するためでした。

また、消防官自身も、正しい情報を理解し、意図的に自分なりのストレス解消法を身につけ、職場やプライベートで普段から自分のメンタルコントロールに気をつけることがとても大切になります。

人は依存しない程度に人に頼ることでお互いが幸せになれます。それは、自分が必要とされていることを確認でき、存在感の認識に繋がるからです。1人で抱え込まず、周囲の人を頼って寄りかかってみませんか？ 意外と心地よいかもしれません。

鎌田's Talk

ある体育会系のクラブでは、定期的にこのような伝統儀式を行っています。先輩がうつ伏せで横になり、その先輩の体を枕がわりにして後輩たちが折り重なるように寝そべるのです。先輩によりかかるシチュエーションを儀式として人工的に作っているわけです。

「心のV字回復筋」というレジリエンス・マッスル

V字↓

ストレスをしなやかに受け止め、何があっても折れずに立ち直る力=レジリエンスは人間が本来持っている力強さです。日本人に馴染みのある「何苦礎（なにくそ）精神」に近い概念といえばイメージできるでしょうか。。

最近、このことばが注目され、心のV字回復筋「レジリエンス・マッスル」の重要性が広く認識されるようになってきました。ポキッと折れないようにほどよい柔軟性を持ち、しなやかにV字回復していく心の筋肉のことです。災害現場を含め厳しい状況にさらされる機会の多い消防の世界でも、レジリエンス・マッスルが必要とされることは言うまでもありません。

レジリエンスとは、もともとは「弾力性」を意味する物理学の用語で、跳ね返ることではなく、受け入れること、耐力を意味します。レジリエンス・マッスルは、困難というストレス攻撃の衝撃を吸収する力があり、握りつぶしても元通りに回復するスポンジのようなものに近いかもしれません。しかも元に戻るだけでなくより成長して強くなるので、筋肉の超回復（筋トレ後に栄養と24〜48時間くらいの休息をとると、筋トレ前より筋肉の総量が増加する）にも似ています。

人は受験や部活動、仕事などを通じ、挫折から這い上がったり理不尽なことに耐える経験を繰り返し、自信を積み重ねながら強くなっていきます。しかし、消防業務の中には常識的な経験値をはるかに超えるような事案も発生しますから、簡単に「這い上がって強くなれ」とは言い切れないことも多々あります。そういうときには、何かに置き換えて考えてみたり分解して考えてみたりいつも思いこんでいる行動と真逆をするなど柔軟な思考力も必要です。

レジリエンス・マッスルを強化する

現在では、レジリエンス・マッスルを高めるトレーニングが体系化されており、レジリエンス・トレーニングの第一人者である久世浩司氏は、『世界のエリートがIQ・学歴よりも重視！「レジリエンス」の鍛え方』（実業之日本社）などの著書で、次のようにレジリエンスを養うための7つの技術について説明しています。「技術」という点がポイントで、訓練を継続すれば誰でも習得することができます。

〈ネガティブ感情に対処する〉
　⑴ネガティブ感情の悪循環から脱出する
　⑵役に立たない「思いこみ」をてなづける
〈レジリエンス・マッスルを鍛える〉
　⑶「やればできる！」という自信を科学的に身につける
　⑷自分の「強み」を活かす

> (5) こころの支えとなる「サポーター」をつくる
> (6) 「感謝」のポジティブ感情を高める
>
> ### 〈逆境体験を教訓化する〉
>
> (7) 痛い体験から意味を学ぶ

　久世氏が提唱するこの7つの技術を、消防的に落としこんで解釈してみることにしましょう。

(1) ネガティブ感情の悪循環から脱出する

　大切なのは、自分の内面から生まれるすべてのネガティブ感情を受け入れることです。これを感情認知といいます。日本人はこれができない人が多く、私自身も教育現場でそれを実感しています。リアルな人間関係に慣れていない人が、自分自身の感情や相手の感情に心を配る習慣がないと、ズバリ！　いじめやDVなどの原因になることもあります。

具体的な解消方法

> **動的**
> 　特に運動はストレスに対する回復力を強め、自己肯定感を高める効果があります。ジョギングや自転車等、一定リズムの有酸素運動がオススメですが、種目や運動強度を選択でき、楽しいという満足感や主体感を感じるものだと、より続けやすいでしょう。
> 　さらに、個人やグループで行うスポーツも多くの心理的効果が期待できます。
>
> **静的**
> 　サーフィンの合間に砂浜で波の音を聴きながら腹式呼吸をしたり、楽しく前向きな気分になれる音楽を選んで聴いたり、訓練日誌やブログ等を書くことにより、クールダウン効果が期待できます。

　上記はシンプルで即効性があります。相性もありますので自分の性格や環境にあった方法をとると、長続きできるでしょう。楽しくて夢中になることも悪循環を断ち切るポイントです。ネガティブ感情はこうした気晴らしで解消し、できるだけ家庭には持ち帰らないことが、質の高い眠りを確保し、健康を保つための秘訣です。

　まずは自分のネガティブ感情と向き合い、できることから始めてみませんか？

(2) 役に立たない「思いこみ」をてなづける

　仕事においても、いろいろな思いこみがあります。119番通報を受けていて「うちの○○ちゃんが…」という救助要請が入り、ずっと息子さんだと思いこんで対応していたらペットの犬のことだった…。大規模地震時に

各地域から被害情報が届いており、まったく報告がない地域は被害ゼロだと思いこんでいたら震源地のため壊滅状態で通信が途絶えていた…。上司がイライラしていて自分にあたるため、てっきり自分が嫌われてると思いこんでいたら、家庭内のストレスが溜まっていただけだった…等々。思いこみは役に立たないどころか、ネガティブ感情を生んでしまうことがあります。

　思いこみとは、過去の体験により刷り込まれた信念や価値観です。多くの場合は、早とちりが思いこみの罠になります。そんなときは、「ピンチをチャンスに変えることはできないか？」と簡単な問いを自分に投げかけると、反射的な感情から生まれる行動をスローダウンさせることができます。

　そして、困難な状況と距離をとって冷静になったところで、思いこみを手放す「追放」、思いこみに合意する「受容」、思いこみをてなずける「訓練」の中から対処法を選択していくのです。まずは自分の思いこみの癖と向き合い、できることから始めてみませんか？

（3）「やればできる！」という自信を科学的に身につける

　根拠のない自信はなんの役にも立ちません。大事なのはズバリ「自己効力感」（カナダの心理学者 バンデューラ氏提唱）を高めることです。

　「自己効力感」とは心理学のことばで、ある目標や行動に対して「自分はやればできる！」と感じることです。自己効力感を高める要因は実体験・お手本・励まし・ムードの4つがあると言われますが、そのうち最も効果が高いと言われているのが実体験です。小さな成功体験の「やればできる」を積み重ねていくスモールステップ方式がこの方法論の代表的なものです。

　消防学校で行う水上訓練の授業を例に考えてみましょう。泳ぎの苦手な学生に対しては、泳ぎ方を手取り足取り指導するよりも、まずは生き延びるためのサバイバル・スイミングとして「UITEMATE（浮いて待て）」の背浮きや立ち泳ぎを先に覚えさせるのが効果的です。ウォーターボーイズ

のように楽しくシンクロの練習をさせるのも、意外に早く水の特徴を捉えて、泳げなくても水中で自由に体を操れるという自信がつきます。

　遠回りのようですが、こうすることで「自分は溺れない。いざという時は浮かび続けることができる」という自己効力感が形成され、数週間後には少しずつ泳げるようになっていくのです。

(4) 自分の「強み」を活かす

　近年はパソコンに精通している人が職場で重宝されているのではないでしょうか。これは消防業界でも同じです。以前、採用の面接でOAに強いことをアピールしたところ、否定的に返されくやしい思いをしたAさんは、数年後、本部のOA担当となり、庁内LANシステムを独自に立ち上げ、組織から表彰されました。Aさんの本当の強みは熱意だったのです。

　このように自分自身の強みを客観的に判断するというのは、意外に難しいものです。そこでおすすめしたいのが、WEBでできる無料自己診断ツール「VIA-IS」です。120問の設問に答えると（所要時間15分～20分）、知恵(5)、勇気(4)、人間性(3)、正義(3)、節制(4)、超越性(5) 計24個の才能が、強みの順番で表示されます。

　ちなみに私は①審美眼　②創造性　③感謝　④信念・目的意識　⑤熱意　でした。②～⑤は納得ですが、審美眼（歴史や文化を広く学び、モノの良し悪しを見分ける能力）というのは考えたこともなく新発見でした。

(5) こころの支えとなる「サポーター」をつくる

　人生では、通常3人の先輩（褒めてくれる人・叱ってくれる人・お手本となる人）に恵まれると良いと言われています。しかし、レジリエンス・マッスルを高めるためには、身近な家族・友人・同僚・恩師などの中に自分の心を支えてくれる5人が存在することが大切です。V字回復するためのこの5人のサポーター「V5」は、自分が必要とするときに、何よりも優先して自分をフォローしてくれる人と言い換えることもできます。あなたのV5、すぐに思い浮かびますか？

　私の場合は「お前のことは信じているよ！」と昔も今も変わらずに声をかけ続けてくれる母、20年以上前から変わらずに「おい、鎌田元気か？」と早朝6時頃に電話がかかってくる恩師のH先生（この電話にどれだけ勇気を与えられたことか…）、私が独立した際に人や仕事を紹介してくれて今まで以上に支えてくれた大学同期の親友、そしてワガママな夢を叶える私の支えとなり、日々叱咤激励してくれる家族。本当に有難い存在で、彼らの笑顔にどれだけ癒されているか…

　V5のキーワードは、「家族」「絆」「地域からのサポート」「親密性」「親友」「同期」「対話」など。たとえば消防学校で行われる卒業前の査閲訓練は大勢の見学者で溢れかえりますが、これは学生にとってのV5、あるいはV5に近い人達でしょう。学生たちは、自分のサポーターである方々に自分の成長した姿と素晴らしい仲間を紹介し、安心してもらうこと

全国消防職団員約100万人の心を支える消防の母、「さんゆう」のお母さん。

で、感謝の気持ちを伝えているわけです。

　数々の困難を乗り切った消防学校の同期生は特別な存在です。他都市の消防本部に転職しても、消防学校から入り直す学生は珍しくありません。私の前職の本部では、「採用5年目教育」という消防学校同期生による集合教育を行い、お互いに刺激し合って質の高いサポートを継続しています。

　皆さんにとって大切な人は誰ですか？　親身に相談にのってくれた人は誰ですか？　今でも叱咤激励してくれる人は誰ですか？　是非思い出してみてください。

(6)「感謝」のポジティブ感情を高める

　感謝とは、人に何かを助けてもらった時や良い状況に恵まれた時に生まれる感情で、自分の置かれた境遇を「ありがたい」と深く感じる気持ちの表れです。

　ここでは消防の皆さんに、感謝のポジティブ感情を高めるための習慣づくりとして、多くの組織が朝の朝礼等で行っている「グッド＆ニュー（Good & New）」を提案したいと思います。

　これは、アメリカの教育者ピーター・クライン氏が開発した方法で、ポジティブ思考を安定化させたり、企業や組織、あるいはグループを活性化させたりすることで、お互いに協力し合う強いチームワークを作るためのエクササイズです。つまり、「リフレーミング」という作業を習慣化、安定化させるためのエクササイズなのです。

　リフレーミングとは、実際に起こっている事実に対する考え方を少し変え、様々な角度から見て捉え直し、ポジティブ思考に変えていくこと。やり方は次の通りです。

> 1. 係やグループで輪になります。
> 2. 誰か一人がボールまたは専用のクッシュボールを投げ、受け取った人が、過去24時間以内に起きた自分にとって「良いこと」もしくは「新しいこと」を簡単に話します。（人数にもよりますが30秒以内で簡潔に）
> 3. 一人の発表が終わると全員で拍手をします。「よかったね〜」等の一言を添えるのもいいでしょう。自分が仲間に認められたという承認行為の1つです。
> 4. 次の誰かにボールを投げ、全員が終わるまで繰り返します。

　「良いこと」や「新しいこと」ではなく、「ありがたいと感じたこと」でもいいですね。継続していくと、諸先輩方や部下がどんなことに関心を持ち、どんなことに喜びを感じるかなどを把握でき、見え方や考え方が変わってくるかもしれません。気がついたら職場の雰囲気まで変わってくる可能性もあるのです。

（7）痛い体験から意味を学ぶ

　大なり小なり、皆さんは何かしらの修羅場を乗り越えた経験があるでしょう。1人ひとりの自分史には、「あのときが人生のターニングポイントだったな〜」と、今だからこそ言える物語があるのではないでしょうか。修羅場を乗り越えるということは、ひとことで言うと「ピンチをチャンスに変える」ことかもしれません。

　私の場合は、まさに起業を決意した42歳（厄年）の3月7日が、人生の大きなターニングポイントとなりました。

　自分の人生をコントロールするのは、主人公である自分にしかできません。

　様々な困難の中にも、必ず一筋の光が隠れています。落ち込んだ後にはゆっくりと顔を上げ、希望を持って行動を続ければ、レジリエンス・マッスルを持つ人だけに与えられた「心のV字回復」という働く喜びや生きる楽しみや幸せが待っているのです。

組織的に取り入れたいメンタル向上エクササイズ 1

ストレッチポール®
寄りかかるだけで疲労の溜まった背中を弛緩させる

　勤務中に過緊張状態が続く消防官のためにおすすめしたいのが、「ストレッチポール®」(商品名)などのエクササイズ用ポールです。背中の下に敷いて使うことで、体の深層筋や骨格を整えられるように開発されたもので、体のゆがみを正すだけでなく、体のコアを意識できるようにつくられています。

　疲労は特に背面にたまりますので、ポールに体幹部分を預けて軽く揺することで、重力によって適度な強さで揉み解されているような感覚となり、痛みのない心地良いリラックスした時間が確保できます。(ストレッチポール®のホームページに基本の使い方がアップされています)

　使用後に床に体を降ろすと「背中がべったりつく感覚や床に沈みこんでいく感じがする」という感想が多いのは、背骨まわりの筋肉が緩み、背骨が正しい位置に戻ったからなのです。さらに、「ぐっすり眠れるようになったり、体の疲れがとれた」などのリラクセーション効果があることも科学的に証明されています。

　1つの手段として、エクササイズ用ポールを組織的に導入し、毎日の儀式として活用できるように仕組みをつくってみてはいかがでしょう。

ポールが脊柱に沿うように寝て、力を抜いてリラックス。ゆっくり両手・両足を動かしたり、ゆらゆら揺れるなどの動作をくり返す。

さまざまなエクササイズ用ポールが市販されている。写真の「ストレッチポール®」は株式会社LPNの公式通販サイトなどで販売中。

組織的に取り入れたいメンタル向上エクササイズ 2

ストレッチングベンチ
頭を倒し、筋肉を弛緩させることでストレスが流れ出す

　ストレッチングベンチはプロスポーツのトレーニングコーチ、中川卓爾氏が考案したストレッチ用の器具で、正式名称は「中川式ストレッチングベンチコンプ」。疲労がたまる背面を一気に伸ばし、ゆるめて整えることに重点をおいており、通常のストレッチより無理なく関節が広がり、脊椎や腰椎を正しい位置に戻しやすいのが特徴です。

　ストレッチングベンチの使い方は一人法と二人法がありますが、消防本部では二人法を取り入れ、ストレッチポー

鎌田's Talk

訓練後に後輩の心と体をリカバリー

　ある本部の救助隊は、毎当直の夜、必ず先輩が後輩の身体をペアストレッチやスポーツマッサージ等でケアすることを習慣にしているそうです。逆は行わず、日中の訓練で厳しく後輩を追い込んだ先輩が、訓練後に後輩の心と体のリカバリーを行うことで、よい人間関係を保つ伝統が継承されているようです。収縮した筋肉を弛緩させるだけでも効果抜群です。

第4章 究極の備えは心と体と絆のリカバリー

ル®同様に毎日のコンディショニングを習慣化するといいでしょう。二人で組むことにより、職場内のコミュニケーションとしての2次的、3次的効果も期待できます。

補助者が手首を持ち、引っぱりながら限界まで前屈する。限界の位置から背筋を使って起き上がるときに、補助者が抵抗を加える。これを3〜5回くり返す。

後頭部で両手を組み、補助者が背面から両ひじをつかんで小刻みに下へ押す。後頸部と肩甲骨を広げて伸ばす。

左右行う。肩甲骨まわりの筋のねじれ範囲を広げ、腹斜筋を鍛える。

補助者が脇の下と肩甲骨をおさえ、体をひねらせる。自分で戻る際に補助者が抵抗を加える。

組織として全署所に導入することが継続するポイント

「中川式ストレッチングベンチコンプ」は公式サイトやタフ・ジャパンの公式サイトでも販売中。

ストレッチングベンチ (二人法) のメリット
①専用器具を見える所に置いておくと気軽に始められ継続性が保てる
②先輩と後輩の心の距離感が近づきやすい
③手首を持ち全身の関節を牽引することで歪んだトンネルが開通して血流がよくなる
④呼吸を合わせて引く・戻すの動作を行い、息が合うと身体が温かくなる
⑤勤務中は過緊張で浅い胸式呼吸になりがち。引く時の腹式呼吸で細く長く息を吐き出せる
⑥強く引くと痛みを伴うため、バディに対する思いやりの心が芽生えてくる
⑦補助者はバディの体を気遣うため、優しい気持ちで声をかけやすい
⑧頭を下げると脳内にあるストレスコップが横になり、ストレスが呼気と血流によって流れ出やすい
⑨短時間で効率よく心と体のリカバリーができ、腰痛予防対策にも効果的
⑩最後に「ありがとう」の一言が自然に発せられ、お互いに喜びを感じることができる

組織的に取り入れたいメンタル向上エクササイズ 3
タッピングタッチ（2人法・1人法）

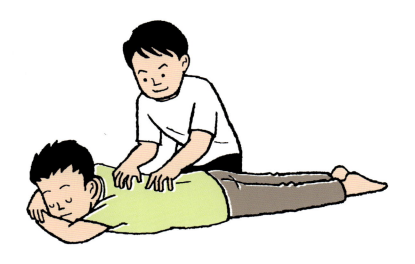

　タッピングタッチとは、臨床心理学者である中川一郎氏が開発されたもので、指先の腹を使って、左右交互に軽く弾ませるように相手の背中や肩にタッチして心と体に働きかける、ホリスティック（統合的）でシンプルなケアの手法です。

　特別な技法や力がいらない簡単な技法ですが、「不安や緊張が軽減する」、「肯定的感情が高まる」、「信頼やスキンシップが深まる」「副交感神経が活発になりリラックスできる」「不安を軽減させたり心を落ち着かせるセロトニンが活性化する」などさまざまな効果があり、私も各種の研修や避難所等で必要に応じて活用しております。

　やり方はとても簡単で、ゆっくりとのんびりとしたリズムで左右交互に（1〜2秒間に左右1回ずつくらいの速さが基本）そっと触れ続けると、相手の内側からほぐれ、元気がわきでてきます。心の緊張が解けたところに寄り添うことができ、心の距離感が縮まりやすくなるのです。その結果、上司が部下に勇気づけのことばをかけやすくなったりします。

　人間の基本的信頼感は触れ合うという触覚からスタートします。赤ちゃんのときに親に抱きしめられた感覚は大人になっても背中に残っているといわれ、背中に触れているものにぬくもりや安心感がある場合は深い信頼感を感じます。タッピングタッチは体のケアだけでなく心のマッサージとなり、触れるか触れないかの優しい強さでタッピングを継続していくと心をノックしていくことにもなり、凝り固まったストレスをゆっくり時間をかけて溶かしたりほぐしたりする効果も期待できるそうです。

　消防官どうしは仲間に背中を預けることができる信頼関係を持つのが理想ですが、物理的に背中を預けるタッピングを導入することで、信頼関係はいっそう強くなることでしょう。人は誰かに触れられたりすることで心が温まり、安心するものですから。

　ただ、2人だけでタッピングするのは気恥ずかしく抵抗を感じるかもしれません。一人で行うセルフ・タッピングというセルフケアもありますので、対人関係のストレスを感じたり、不眠症を改善したいときは、こちらで自分自身の心身ケアに活用してみましょう。このセルフ・タッピングのような動きをアスリートが緊張をやわらげるために競技直前に行っているのを見たことがあるのではないでしょうか。

セルフ・タッピング

① 腕をブラブラして心身をほぐしてから、左右交互に、あごを軽くタッピングします（口もあけてほぐしましょう）

② ゆったりとしたリズムで頬をタッピングします。

③ こめかみの辺りをタッピングします。

④ 額は眉毛の中央から少し下がった辺りを左右にタッピングします。

⑤ 頭全体を好きなようにタッピングします。

⑥ 頭の後ろを下方向へ、後頭部までたどり着いたら髪の生え際に沿って左右にタッピングします。

⑦ そこから少し下がり首と肩をタッピングします。

⑧ 鎖骨の下のくぼみの辺りを左右に、それから胸全体をタッピングします。

⑨ 胸から下腹まで徐々に下がり、お腹を優しくタッピングします。

⑩ 手を腰にまわして指先や手の甲などでタッピングします。

⑪ ひととおりの動作を行ったら心地よかったところなどをもう一度タッピングします。

⑫ 全てが終わったら両手を重ねて下腹において静かに呼吸を整えます。最後に「よしよし」という感じでお腹を丸くさすりながら、リフレッシュして終わりましょう。

自律訓練法で、こころとからだのリラックス

　自律訓練法はドイツの精神科医シュルツ氏によって体系化されたものです。シュルツ氏は催眠状態になった人に安静感（心地の良い感じ）と四肢の重たい感じ、温かい感じが生じるという事実から、その感覚を自己暗示によって段階的につくり出す技法を考えだしました。一種の自己催眠法で、体の筋肉を弛緩させることでリラックス状態をつくり出し、心身のバランスを回復させるのが目的です。

　リラックス状態を通して得られる自律訓練法の効果には、次のようなものがあげられます。

自律訓練法の姿勢

・椅子に腰かけた姿勢

・寝転んだ姿勢

・ソファーに座った姿勢

> 疲労の回復
> 過敏状態の鎮静化
> 自己統制力が増し、衝動的な行動が減少する
> 仕事や勉強の能率の向上
> 身体の痛みや精神的な苦痛の緩和
> 向上心が増す
> 自律神経機能の安定
> 自己決定力がつく

　自律訓練法は自分自身で行うものであり、日常生活のいつでもどこでも行えるのが特徴です。ただ、自分で段階的に進めていくセルフコントロール法なので、やりとげようとする意欲や努力が重要となります。

自律訓練法の姿勢

　自律訓練法を行うときの姿勢には、左のイラストのような3種類があります。

　訓練を進めていくと体の力が抜けていきますので、椅子に座っている場合は椅子から転げ落ちないように、脚は肩幅程度に開いて、手は軽く閉じて膝の上に置きます。

言語公式

　では、自律訓練法のやり方です。体を締めつけているものをゆるめ、軽く目を閉じた状態で、決まったことば（言語公式）を呪文のように唱えます。右ページ上の表が言語公式で、声は出さずに心の中でくり返すようにします。

　背景公式は時間をかけずに4～5回くり返し、体をゆすりながら意識して力を抜きます。雄大な自然の中に寝転んでいるような自分をイメージしてもいいでしょう。

　第1公式、第2公式は利き腕から始めます。第1公式は重感練習で、筋肉のゆるんだ、だらんとした感じがしますが、重たくしようと考えるとかえっ

自律訓練法の言語公式

背景公式	「気持ちが落ち着いている」
第1公式	手足が重たい：「右腕が重たい」→「左腕」→「右脚」→「左脚」→「両腕」→「両脚」→「両手両脚」の順
第2公式	手足が温かい：「右腕が温かい」→「左腕」→「右脚」→「左脚」→「両腕」→「両脚」→「両手両脚」の順
第3公式	「心臓が規則正しく打っている」
第4公式	「呼吸がラクになっている」
第5公式	「お腹が温かい」
第6公式	「額が心地よく涼しい」

て力が入り緊張してしまいます。

　第2公式の温感練習では、第1公式で感じた重たさに意識を向けながら、自然に温かくなるのを待ちます。リラックスしてくると血液の循環がよくなり、手足の末端まで温かい血液が行き渡るようになります。冬場は暖房のきいた部屋や風呂上がりに行うのがいいです。サンサンと日差しを浴びている自分をイメージするのも効果的です。

　第3公式の心臓調整練習は、意識を左胸に向け、落ち着いた心臓の動きが確認できればOK。第4公式は呼吸調整練習。のど、鼻、口、胸部、腹部などに意識を向け、安定した呼吸活動が確認できたらOK。第5公式は腹部温感練習。胃のあたりに意識を向け、かすかにでも温かさが感じられたらOK。第6公式は額部冷涼感練習。額に軽く意識を向け、頭寒足熱状態ですっきりと訓練を終えることができたらOKです。

　なお、自律訓練法を終えるときの注意として、自己催眠状態から覚醒するためには、最後に手足の屈伸を行ったり、両手を強く握ったり、大きく伸びをするといった消去動作を行う必要があります。（そのまま眠ってしまう場合は必要ありません）

　第1公式以降は、2～3分でそれぞれの反応が出るようになったら、次の公式を付け足していきます。反応を感じるまでは、その公式をくり返します。この訓練は継続が何より大事で、初心者は1回の訓練を長くても5分程度にとどめ、1日3回程度行うのが理想です。ただ、すべての公式を習得するための期間は、短くて1ヶ月、長くて1年以上と個人差があります。

　また、第3公式からは訓練を行わないほうがいい人（第3公式は心臓疾患のある人、第4公式は気管支ぜんそく、過換気症候群など呼吸が気になる人、第5公式は糖尿病の人、消化器の疾患のある人、第6公式は頭痛、てんかん、その他頸部に疾患のある人）がおり、医師に相談が必要です。

女性消防職団員に送るエール

女性が増えると、消防はもっと優しくなる

活躍の場を広げる「消防女子」

　消防組織において女性が担う役割は非常に大きくなってきています。

　女性活躍推進法や総務省消防庁による「女性消防吏員のさらなる活躍に向けた取り組みの推進」などに背中を押され、女性職員の採用を積極的に行う消防本部が増えてきました。また消防団でも、全国の消防団員数が減少する一方、女性消防団員は右肩上がりに増え続けています。男性団員が働く昼間に地域を守ったり、機能別消防団員として後方支援活動にあたるなど、地域防災力の強化にとって女性はもはや必要不可欠な存在です。

　人を助けるという崇高な仕事には、確かにタフな体が必要です。だからといって、「女性だから……」と男性と比べて運動能力に悩む必要はありません。男女の特性をお互いが認め合い、性別にこだわり過ぎることなく「人として協力する」ことが結果的に消防力を高めるからです。

　ここではそんな「消防女子」が、今後さらに現場活動での活躍のフィールドを広げていくヒントとなるよう、女性の身体的特徴に適した筋肉の使い方、「消防女子力」を紹介します。

女性の身体的特徴を理解する

　男性と女性では確かに性差はあります。しかし、結論から言えば女性特有のトレーニングの必要はありません。トレーニングのメニューは男女同じで大丈夫です。ただ、身体組成やメンタル面などにおいて、女性は男性とは同一に考えられない一面を持っていますから、男性より障害等が多く発生する可能性があることを把握したうえでのアプローチが必要です。

　そこで、男性と女性を比較しながら女性の身体的特徴を理解しておきましょう。

●筋肉の「質」は男女差なし

　まず、男女で差がない項目をあげてみます。筋肉の「質」、これは男女の差はありません。性ホルモンの分泌には差がありますが、成長ホルモンの分泌に差はありませんから、筋力トレーニングの効果に性差はなく、継続すれば同じように結果が出ます。条件を完全に同じにすれば、増える筋肉量に男女差はないんです。筋肉断面積の太さが同じなら筋線維組成も性差はありませんから、同じ筋力が発揮できます。ウェイトトレーニングの種目であるデッドリフトやロップーリー、ハイクリーンでは男女差は少ないといえるでしょう。

●女性の体力的な特徴

　女性に発生しやすいスポーツ障害としては、靭帯の伸張性、低筋力による関節の不安定性や低骨密度に由来する整形外科的な障害のほか、貧血をはじめとする内科的な障害も知られています。こうしたスポーツ障害を理解するうえでは、女性特有の生殖生理機能である排卵・月経現象の理解が欠かせないのは言うまでもありません。

　女性特有の体力的な特徴としては、筋肉量が男性の80％程度、最大筋力は男性の60〜70％程度であることがあげられます。また、上半身に比べて下半身の大臀筋、大腿四頭筋、ハムストリングスの比率が高く、男性の80〜85％もあります。

　また、ホルモン分泌の影響で靭帯弛緩性が高く、関節が柔らかい（緩い）傾向があります。女性特有の「しなやかさ」を生かした柔軟性とバランス感覚は武器であるといえるでしょう。皮下脂肪の占める割合は女性の方が高い（乳房・臀部・大腿の付け根）のは言うまでもありません。

　筋肉は遅筋線維の割合が男性より多く、持続的に小さな力を発揮するのに向いています。つまり、男性は集

中的に大きな力を出しやすく、女性は持久的に筋力を出しやすいといえます。ベンチプレス等の押す力は男性が優位ですが、引く動作は女性の方が強い（粘り強い）という特徴もあります。

女性は防衛体力（外部刺激から正常な身体機能を守る体力）が優れており、さらに鍛えた女性は男性より強い筋力を持つことができます。性別の特徴を活かすトレーニングとしては、MAXの60～70％を20回程度まで実施するといいでしょう。継続的なレジスタンストレーニングを続ければホルモンの分泌が促され、肌年齢が若返るとも言われています。

ちなみに体力の衰えを感じるのは男性が30歳過ぎに対し、女性は40歳過ぎ。これが平均寿命に影響していると考えられます。

体幹を鍛えて「消防女子力」アップ

トレーニングとしては、筋力競技である「ウェイトリフティング」ではなく、「パワーリフティング」と呼ばれる3種目、すなわちスクワット、ベンチプレス、デッドリフトがビックスリーと呼ばれ、おススメです。

元日本記録保持者であり、ベンチプレス世界大会で準優勝された女性にお会いしたことがありますが、その女性が所属するジムには数多くの女性会員がいて、正しく土台を築き上げているのに感心しました。

重量物を取り扱う（＝持ち上げる）力をいかんなく発揮するためには、末端を鍛えるというより頭部と四肢を除いた体幹（コア）を鍛え上げることが必要です。

持久力は女性が得意とするところ

持久的に筋力を出しやすい女性の特徴を活かせる競技としては、マラソン、カヌー、トライアスロンなどがあります。実際に、全身持久力や筋持久力を特に必要とする種目で女性の活躍が目立ってきています。

近年の自然災害や大規模災害では長時間におよぶ活動が多くなってきており、持久力や回復力は消防官にとって不可欠です。このアドバンテージを現場活動でも発揮するために、日ごろからジョギングや水泳、山登り等で粘り強い持久力を鍛え上げるとよいでしょう。

ただし、女性の場合は健康管理上の問題点として次の三主徴があげられます。これは2007年にアメリカスポーツ医学会が発表したもので、トレーニングにあたってはこれらを十分に考慮する必要があります。

女性アスリートの三主徴

- 利用可能エネルギー不足（食事でのエネルギー摂取量が運動でのエネルギー消費量を下回る状態）
- 月経障害（精神的・心理的ストレス、体重減少、ホルモン環境の変化）
- 骨密度低下（内分泌異常、減食、食行動異常などによる続発性無月経）

※ 体脂肪は少なければよいというものではありません。適性を知り定期的にチェックすることが必要です。さらに食事はエネルギー源以外にビタミンやミネラル等の栄養素も含め非番や週休日も自炊を楽しみながらバランスの良い食生活を送ることが大切です。

月経周期の影響

女性においては、月経周期がパフォーマンスにどのような影響を与えるかも気になることです。

女性の半数が「月経はスポーツ活動に影響する」と考えていますが、実は、月経周期により分泌されるホルモンの生理的作用とパフォーマンスには関連性がみられないという研究結果が多く存在します。月経周期がアスリートの発揮する最大パフォーマンスにおよぼす影響は、個人差があるにせよ、それほど大きくないといえます。

しかし月経周期と関連して他の要因が加わった場合には、パフォーマンスに影響を及ぼすことがあります。たとえば、高温多湿な環境下での長時間運動です。

室温32℃、湿度60％の部屋で長時間の運動を行った場合、黄体期中期の被験者では卵胞期前期のときに比べ疲労困憊になるまでの時間が短くなったほか、最大下運動時の心拍数や毎分換気量、自覚的運動強度が高くなったと報告されています。

したがって、消防学校教育や現場の最前線では安全管理の観点から、身体の状態について本人が伝えやすい職場環境を構築しておくことが求められます。

女性アスリートの未来予想図

皆さんは女性の運動能力が年々上がってきていることをご存知ですか？　陸上1500mでは2030年、800mでは2033年あたりに女性の記録が男性に追いつくと予想されています。

男女の体力差は平均値が独り歩きしていますが、世界記録の男女比較においては、アスリートの限界値に見られる男女差は近年縮まってきているのです。マラソンの距離では男性に勝てないかもしれませんが、ウルトラマラソンのような、グリコーゲンが完全に枯渇して脂肪からのエネルギー供給が重要になる運動時間のサバイバルレースであれば、女性が男性を上回る可能性が高いともいえます。

女性職員を担当する指導者に気をつけてほしいこと

最後に女性職員を指導する職員のために、指導にあたっての注意点をいくつか挙げます。重要なことは指導等に入る前に、信頼関係の構築に時間をかけるということです。具体的には愚痴を聞く、過去を認め受容するといったことで、その上で「気配り」と「思いやり」を持って接することが女性の能力を高める上で大切といえるでしょう。

さらに、女性の指導においてポイントとなるいくつかの点をあげておきますので、参考にしてください。

- 3つの目線（①上司としての目線＝指導　②同じ目線＝同調　③下の目線＝演技）を持つこと。
- 1人ひとりに公平に目を配り、一律ではなく相手によって異なる物差しで見る。
- 女性は光が当たらないバックヤードに気付きやすいので、トイレ等を清潔にしておく。
- 女性のプライドを決して傷つけない。
- 女性を動かすのは「女心」を動かすことである。
- 女性は肩書きではなく「人」そのものを見ていると心得る。

次ページから、政令市初の女性専任特別救助隊員、古賀彩華さん（川崎市消防局）のインタビューを掲載しています。大切なのは悩んでも立ち止まらず、やり続け、常に前に進むこと。そしてタフで優しい心・体を鍛え上げ、人を助けるという崇高な仕事に邁進してください！

参考文献
『女性アスリートのための傷害予防トレーニング』
（小林直行・星重樹・成田崇矢著　医歯薬出版株式会社刊）
『女性アスリート・コーチングブック』
（山田ゆかり著　宮下充正監修　大月書店刊）
『女性アスリートのための筋力トレーニング科学』
（鈴木正幸著　黎明書房刊）
『アスリートのための栄養・食事ガイド』
（小林修平・樋口満編著　第一出版刊）

「消防女子力」のポイント！

- 筋肉の「質」に男女差はない
- 女性の筋肉には「持続力」がある
- しなやかで柔軟性があり、バランス感覚に優れている
- 「押す動作」より「引く動作」が得意
- ＜女性アスリートの三主徴＞に気をつけてトレーニングする
- 立ち止まらず、やり続け、常に前に進むこと！

女性消防職団員に送るエール

女性消防官インタビュー
政令市初の専任女性特別救助隊員！

川崎市消防局 多摩消防署 特別救助隊　**古賀彩華**

日本で初めて女性の専任特別救助隊員になった古賀彩華さん。

「信念1つで万事を拓く」
夢、強い想い、親友に近づくための1歩

　スポーツ庁が公表した平成28年度（2016年度）の「全国体力・運動能力、運動習慣等調査（全国体力テスト）」の結果で、女性は小・中学生とも実技の「体力合計点」が3年連続で前年度を上回り、過去最高を更新したそうです。
　世界を見ると、2016年に歴史上初めて、米海兵隊の女性隊員が前線任務を担う歩兵部隊に配属され、さらに海軍特殊部隊SEALsでも女性の志願を受け入れ始めています。
　日本の消防でも2016年、政令市で初めて女性の専任特別救助隊員が誕生しました。川崎市消防局の古賀彩華さんです。パイオニアとして扉に手をかけた古賀さんに「闘うメンタル」を取材させていただきました。

幼少期のころは、女三四郎

　私は佐賀県の出身で、18歳まで佐賀県で家族と暮らしていました。2つ離れた兄がいたこともあり、身体を動かすことが好きで、2歳から水泳、小学校1年生から兄と一緒に「お楽しみ会がある」柔道を始め、県で負けなしの強化選手になるまで柔道に没頭していました。
　18歳で帝京大学に入学し、神奈川県で1人暮らしを始めました。大学では引き続き柔道をやりながら、「将来は救急救命士になろう」と進路を徐々にシフトチェンジしていきました。救急救命士の資格を活かせる職業は消防しかないと思っていましたので、消防本部は複数受験。いくつかの本部に合格して女性の先輩に相談したところ、「川崎消防はこれから可能性がある組織」と聞き、入局を決めました。

ロープ降下の訓練を行う古賀さん。

気がついたら特別救助隊員養成研修へ

平成23年4月に入局し、平成24年4月に多摩消防署に配属。平成26年9月に川崎市消防局が実施する特別救助隊員養成研修を受け、資格認定されるとともに、平成28年4月より特別救助隊に任命されました。

入局直後は特別救助隊員養成研修認定の項目の1つである体力試験の基準に到達していなかったですし、周囲も「ムリだ」という雰囲気でしたのでブレーキがかかり、自ら手を上げられずにいました。しかし、前向きに支えてくれた先輩方の支援もあり、2年近くにわたって地道な訓練を続けた結果、体力も一定のラインに到達することができました。ギリギリまで葛藤したのですが、申込期限直前で自ら手を挙げ、特別救助隊員養成研修に挑戦することにしました。過去にチャレンジした女性は誰1人いなかったそうです。

署内選考の結果、市訓練センターで実施する特別救助隊員養成研修に行けることになりました。前例がなく私が初めてのケースでしたから、組織内でも検討に検討を重ねた結果、養成研修を受けさせていただけることになりました。

特別救助隊員養成研修は約1ヵ月間にわたり行われますが、その間は目の前のことをこなすことで精一杯でした。男性の中、女性は私1人だけですから、自分から積極的に輪の中に入っていき、情報共有を心がけました。

毎日が「どうしよう、どうしよう」と思いながらもラインに乗って運ばれている感じでした。

信念に1歩近づいた日

特別救助隊員養成研修を修了し、最終試験もパスして正式に救助隊員となれる資格を得ましたが、その後も約1年半は救急隊に所属していました。そして平成28年4月の人事異動で、その数日前に特別救助隊員としての正式な任命が告げられました。このときはうれしいというよりも、針が振り切れたような大きな不安に襲われた、というのが正直な気持ちでした。

配属先の隊長は、水難救助訓練等で面倒を見てくださった先輩でした。それが非常に心強く、特別救助隊隊員としての一歩を踏み出すことができました。

女性消防職団員に送るエール

特別救助隊員として活動を始めると、隊長クラスのメンタリティーの強さに日々感心させられるばかりです。どんな支援情報が来てもまったく慌てず、隊員が落ち着くように指示を出し、決して急かしたりしません。先輩隊員の方々も聞いたことには何でも答えてくださるし、その背中が何ともたくましく見えます。私の救助技術についてはまだまだ未熟だと感じられているはずですが、救急救命士として救急隊で活動した部分については認めてくださっているので、とてもやりやすく環境に恵まれていると思います。

現場でのメンタリティー

現場では、とにかく救出することに目が行きすぎてしまいがちなので、要救助者に寄り添う気持ちを持続することを心がけています。私は小学生のときにトラックに轢かれる事故に遭ったのですが、頭部を強打して意識を失い、目の前が真っ暗になる中で周囲の声だけはなぜかずっと聞こえていました。その経験もあり、仮に要救助者に意識がなかったとしても、常に励ましの声を掛け続けるように心がけています。

ある日、1軒家で80歳くらいの女性が入浴中に動けなくなったという救助事案に出動しました。そのときに、衣服を身につけていない女性に同性として対応することができたことは、大きな自信になりました。救助活動は救急活動以上に時間との勝負です。救命のリレーでたとえるなら、リレーの1歩前に出て活動していることになります。要救助者の社会復帰に大きな影響をおよぼしているという自覚を持ち、「一秒でも早く絶対に助ける」という一心で活動しています。

また、活動については焦って慌てて何度も試みるより、確実に一回で助けることを目指しています。

現在の心境

入局してから、心の中では常に「どうしよう、どうしよう」と不安を抱えていました。でも、環境が変わるときには、必ず周りで私を支え、導いてくれる方がいました。私の知らないところで、私が特別救助隊員に任命されるようにかけ合ったり、会議で調整してくださった方もいらっしゃいます。

特別救助隊員になった1年前は、まるで視界ゼロ。何もわからなくて不安でしたが、今は目の前に進むべき道が見えてきたので、少し落ち着いてきました。

メンターの存在

私には、人生におけるメンター（指導者・助言者）が常に男女1人ずついてくれ、近くで相談に乗ってくれています。職場では「古賀」「古賀ちゃん」等名字で呼ばれることが多く、女性（ウーマン）ではなく人（ヒューマン）として扱ってくれる、とても心地よい環境にあります。

ON・OFFモード

仕事とプライベートの切り替えは、当直の朝、家を出た瞬間にONのスイッチが入り、職場の玄関を出た瞬間OFFモードになります。OFFの時はスポーツジムに通い、水難救助のためにトレーニングしていた水泳を、今は趣味の1つとして続けています。プールリカバリーというリラクセーション効果も期待して続けています。

常に身につけている2つの宝物

私には常に身につけている宝物が2つあります。1つは特別救助隊に配置されたとき、かけがえのない大切な方からいただいた激励のお手紙です。2つ目は、足首・膝・肩などの怪我が相次ぎ5～6度の手術で入院をくり返していた学生時代に、回復するまで側でずっと支えてくれた理学療法士の方からいただいたお手紙です。怪我という経験によって、こんなにたくさんの人々

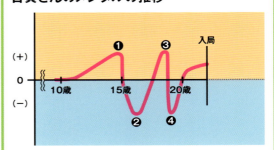

古賀さんのメンタルの推移

- ❶の山…柔道で好成績を収めていた時代
- ❷の谷…5回くらい怪我して手術・入院を繰り返していた時代
- ❸の山…県で負けなし、インターハイに進んだ時代
- ❹の谷…インターハイ直後の試合で骨折して絶望しかなかった。親友が体育祭で一緒に応援団やろう！と慰めてくれた。その幼稚園から高校までずっと一緒だった親友が交通事故にあった時、何もできない自分がいてとても情けなかった。この出来事の影響が大きく、進むべき道が決断できたのかもしれない。

日に日にオレンジ色の救助服が似合うようになり、特別救助隊員としての視界も開けてきた。

私の好きな言葉と音楽

これまで、苦しい時に自分を支えてくれ、鼓舞してくれた言葉は「克己（こっき）」です。「己に克つ！」と言い聞かせて、苦しさを乗り越え、不安に打ち勝ってきました。ケツメイシの音楽も好きで、特に「仲間」という曲が好きです。

ここまでの自分を振り返って

私は、要救助者の救命率だけでなく社会復帰までできる確率を上げたいという一心で消防の道をひた走り、気づいたらここに立っていました。

救急隊だけではまだ自分の奥底にある想いに近づけなかったかもしれません。自分が消防官として救助救急に携わることは、親友が事故に遭ったとき、何もできなかったことの償いだという気持ちもあり、そのスタート地点にやっと立てたと感じています。親友との絆は言葉で表現できないくらい、自分が救助に向き合う原動力になっているのです。

インタビューを終えて

古賀さんのことは、彼女が新採用で神奈川県消防学校初任科に入校した時代に、消防體育の外部講師として約半年間指導させていただいたご縁で知りました。

「現場では慌てて何度も失敗するより、確実に1回でできることを目指す」と力説する古賀さんの目力はとっても頼もしく見えました。また、多くの人に応援されているのは、古賀さんのお人柄によるものでしょう。今後もさらなるご活躍を心から願っております。

あとがき

　毎年春になると、消防学校で初任科が始まります。私も全国各地の消防学校に「消防體育訓練」の講師として招かれ、消防人生をスタートする元気いっぱいの学生たちに出会い、歯を食いしばりながら一生懸命に取り組む姿に多くの刺激をいただきます。入校したばかりの学生は、まだまだアウェー状態。緊張を隠しきれない様子ですが、これから半年間の授業で人を助けるための勇気を自分のものにしていくことになります。

　彼らがこれから歩む人生には、どのような試練が待ち構えているのでしょうか。仏教の教えでは、人生には「生老病死」という逃れられない4つの苦があるそうです。生きることは挫けることの連続であり、挫けても挫けても幸福でいられる心と体と絆を持つことが大切なのだそうです。

　目的や目標に向かっていれば、必ず大小の困難が立ちはだかってきます。その困難は本人にとっては「大事や大惨事」かもしれませんが、本書でも書きましたように「大局的とらえて」客観的に冷静に対処することができれば、おのずと道が開け「何苦礎！」と歯を食いしばって立ち上がることができます。そこからは、どんなことにも感謝を忘れず、謙虚な気持ちでコツコツ継続すれば徐々にV字回復し、最後は必ず人生の勝利者になれるのです。いわゆる「途中困難最後必勝」です。

　うまくいかないからといって、やけくそになったり自暴自棄になったりして、周囲にあたり散らして自分をコントロールできなくなれば、自ら価値を下げてしまいます。失敗は誰にでもあります。失敗したときは、周囲に注目されていますから、どのようにリカバリーしていくのかが腕の見せ所なのです。そこから「途中困難最後必勝」というストーリーが始まるのです。

　本書では、どうやってネガティブな感情をポジティブにシフトするか、自分のメンタルをどうやって強いメンタルに転換していくかを、私なりに解説してみました。私が「すごい！」と思う4人の方にもインタビューさせていただきました。皆さん、それぞれ紆余曲折を経て強いメンタルを身につけられた方ばかりで、お話を伺いながら感動が止まりませんでした。

　消防は困難な状況のなかで人を助けるという厳しい仕事をする人たちの運命共同体なのですから、お互いに思いやって、組織的にメンタルのコントロールに取り組み、職員すべてが活き活きと誇りを持って、地域を救い、日本を救い、地球を救うという目標を持って闘って頂きたい。それが、本書を執筆した動機です。

　本書はタフで優しい心・体をつくるトレーニングを紹介した『消防筋肉』の姉妹書です。タフな体は、メンタルをタフネスにするために必要不可欠です。合わせて読んで頂き、約100万人の全国消防職団員がタフな日本をつくっていくことを願ってやみません。

鎌田修広

著者プロフィール
鎌田修広
かまた・のぶひろ

1969年3月、神奈川県生まれ。1991年、日本体育大学体育学部卒業。在学中にはトライアスロンクラブを立ち上げ、初代主将として活躍。最初に就職した紳士服メーカーでトップセールスを記録し、1993年、横浜市消防局入局。予防課（防災訓練指導担当）等を経て、2002年、消防訓練センター教育課へ。以来、神奈川県消防学校、総務省消防庁 消防大学校等へも出向し、消防体育の教官・講師を務める。
2011年3月、横浜市消防局を退職し、人材育成と「消防體（体）育」の普及をライフワークとするため株式会社タフ・ジャパンを設立。
消防機関に在籍した18年間（9年間は消防学校体育教官）の経験を生かし、消防大学校、全国の消防学校、消防本部等で人材教育訓練、研修、講演事業を行っており、心と体づくりを目指す独自のプログラムと熱心な指導が厚い信頼を得ている。さらに、企業、学校、家庭、地域の防災訓練等と連携した訓練事業、スポーツおよび健康等に関する研究、セミナー、イベントの企画・実施など多方面に活動の場を広げている。
自称カリスマ（カリアゲ＆スマイル）教官。著書に『消防筋肉』（イカロス出版）など。
株式会社タフ・ジャパン　電話0466-33-8241　info@tough-japan.com　www.tough-japan

参考文献
『アスリートのための栄養・食事ガイド』（小林修平・樋口満編著　第一出版刊）
『一流の睡眠』（裴 英洙著　ダイヤモンド社刊）
『一流を育てる 秋山木工の「職人心得」』（秋山利輝著　現代書林刊）
『面白いほどよくわかる！心理学の本』（渋谷昌三著　東西社刊）
『心の健康トゥディ』（佐藤 誠/岡村一成/橋本泰子編　啓明出版刊）
『これから学ぶスポーツ心理学』（荒木雅信著　大修館書店刊）
『SAS・特殊部隊式 図解メンタルトレーニング・マニュアル』（クリス マクナブ著　高 珊里訳　原書房刊）
『自衛隊メンタル教官が教える 心の疲れをとる技術』（下園壮太著　朝日新書/朝日新聞出版刊）
『女性アスリート・コーチングブック』（山田ゆかり著　宮下充正監修　大月書店刊）
『女性アスリートのための筋力トレーニング科学』（鈴木正幸著　黎明書房刊）
『女性アスリートのための傷害予防トレーニング』（小林直行・星重樹・成田崇矢著　医歯薬出版株式会社刊）
『スポーツで120％の力を出す！メンタル強化メソッド45』（浮世満理子著　実業之日本社刊）
『世界のエリートがIQ・学歴よりも重視！「レジリエンス」の鍛え方』（久世浩司著　実業之日本社刊）
『ディスカバー・ジャパン 禅（ZEN）』特集号（枻出版）
『タッピングタッチ：基本と被災者ケアのための小冊子』（中川一郎著　タッピングタッチ協会刊）
『チーム・ビルディング』（堀 公俊/加藤 彰/加留部貴行著　日本経済新聞出版社刊）
『はじめて学ぶメンタルヘルスと心理学』（吉武光世編著　窪内節子/山崎洋史/平澤孝一著　学文社刊）
『肚・もう一つの脳』（池見 酉次郎著　潮文社刊）
『肚　人間の重心』（カールフリート デュルクハイム著　下程勇吉監修　麗澤大学出版会刊）
『ビジネスマンのためのメンタル・タフネス』
（ジム・レイヤー/ピーター・マクラフリン著　高木ゆかり訳　メンタル・タフネス・サイエンス協会監修　CCCメディアハウス刊）
『人を育てる「愛のストローク」－無条件のふれあいで子どもは変わる』（杉田峰康著　財団法人モラロジー研究所刊）
『ファイヤーファイター・サバイバルガイドブック』（NPO法人ジャパン・タスクフォース著　イカロス出版刊）
『レジリエンスの教科書（逆境をはね返す世界最強トレーニング』
（カレン・ライビッチ/アンドリュー・シャテー著　宇野カオリ訳　草思社刊）

Jレスキュー 消防テキストシリーズのベストセラー！

【本書の姉妹書】
鎌田修広による
消防用トレーニング・
ガイドブック

消防筋肉
鎌田修広著
B5判　1,676円（税込）
消防筋肉の土台と軸をつくるトレーニング法を、全国の消防学校で引っ張りだこの理論派教官・鎌田修広先生がプロフェッショナルに解説するベストセラー。

消防メンタル
タフな心をつくる技術

2017年 5月31日 初版発行
2023年 2月 1日 第4刷発行

著者　鎌田修広

カバー・本文デザイン　山田美保子
イラスト　山田美保子、井竿真理子

発行人　山手章弘
発行所　イカロス出版株式会社
　　　　〒101-0051
　　　　東京都千代田区神田神保町1-105
　　　　電話03-6837-4661（出版営業部）
　　　　　　03-6837-4668（編集部）
印刷・製本　図書印刷株式会社